초등신문 100일의 기적
(1등 신문 어린이동아가 뽑은 100가지 지식으로 독해 근력 완성)

인쇄일 1쇄 인쇄 | 2024년 3월 22일
발행일 1쇄 발행 | 2024년 3월 25일

지은이 | 김재성 장진희 권세희 전선규
발행·편집인 | 홍성철
책임편집 | 김재성
디자인 | 양혜정
마케팅 | 김동열

발행처 | 동아일보 교육법인 ㈜동아이지에듀
등록일 | 2009년 3월 4일
주소 | 서울 서대문구 충정로 35-17 충정로 제2빌딩 2층
전화 | 02-362-5108
FAX | 02-362-5113
인쇄처 | 한솔프린팅(주)
ISBN 978-89-98814-31-1
문의 | ㈜동아이지에듀 (02-362-5108)

이 책은 저작권법에 따라 보호 받는 저작물이므로 무단 전재와 무단복제를 금합니다.
이 책 내용의 전부 또는 일부를 이용하려면 반드시 ㈜동아이지에듀의 서면 동의를 받아야 합니다.
책의 정가는 표지에 표시되어 있습니다.

머리말

100일의 신문 기사 읽기, 학업 능력을 끌어올립니다

"분명히 다 읽었는데, 무슨 말인지 하나도 모르겠어요."
글 읽기 과정에서 많은 학생이 털어놓는 대표적 고민입니다.

"집중력이 흐트러져서 그러니까 좀 더 집중해서 읽어봐."
"책을 많이 안 읽어서 그래. 책 좀 읽어!"
이런 조언을 믿고 따라 한다면 문제가 자연스레 해결될까요? 아래 문장을 읽어봅시다.

> 흥미를 돋우는 데 치중하는 경마식 보도는 선거의 주요 의제를 도외시하고 경쟁 결과에 초점을 맞춰 선거의 공정성을 저해할 수 있다.

△치중 △경마식 △보도 △선거 △의제 △도외시 △초점 △공정성 △저해와 같이 어려운 용어가 수두룩한 이 문장은 2024학년도 대학수학능력시험 국어영역 지문(4~7번 문제풀이에 필요한 지문)에서 발췌한 것입니다. 해당 지문에는 이보다 생소한 용어가 가득한 문장 18개가 더 있었지요. 집중해서 읽으면, 무턱대고 책만 많이 읽으면 앞으로 수년 뒤의 나, 혹은 내 자녀는 이런 글을 거침없이 읽어나갈 수 있을까요?

창간한 지 60년 된 국내 1등 어린이 일간신문 '어린이동아'를 만드는 기자들은 학생들의 읽기 능력 하락의 원인이 '상식의 부족'에 있다고 생각합니다. 초등생들은 우리 사회에서 어떤 용어들이 널리 사용되고 있는지, 사람들이 일반적으로 알고 있는 '상식'이 무엇인지 매일 따라가며 학습하는 경험이 부족합니다. 이 때문에 뜻을 모르는 단어가 계속해서 생기게 되고, 이런 단어가 등장하는 문장은 읽어도 무슨 말인지 모르겠다고 느끼는 것이지요.

상식은 교과 학습과 긴밀하게 연관되어 있습니다. '은행에 돈을 예금하면 '이자'라는 돈이 붙는다'는 상식을 알고 있다면 예금의 이율을 계산하는 수학 서술형 문제를 보다 쉽게 풀어낼 수 있습니다. '우리나라가 유례없는 '저출산' 위기에 빠져 있다'라는 상식을 알고 있다면 사회 과목에 등장한 인구 구조 변화 그래프를 보다 입체적으로 이해할 수 있지요.

어린이 수준에 맞는 '양질의 읽을거리'를 찾아 차근차근 읽으며 상식을 쌓아나가야 할 필요가 있습니다. 상식이 갖춰지면 점차 어려운 글 읽기에도 도전하며 문해력을 높일 수 있고, 이것이 지속되면 우수한 학업 능력을 갖춘 학생으로 성장합니다.

그래서 '양질의 읽을거리'가 무엇이냐고요? 자신 있게 '신문'을 추천합니다. 특히 초등생의 눈높이에 맞춘 어린이 신문을 말입니다. 어린이동아는 우리나라를 비롯해 세계 곳곳에서 매일 쏟아지는 다양한 뉴스 중 초등생들의 학습과 연관된 뉴스를 선별해 쉬운 글로 제시하는 신문입니다. 예를 들어 미국의 연방준비제도가 기준금리를 올렸다는 뉴스는 중앙은행이 무슨 역할을 하는지, 금리란 무엇인지를 설명하는 경제 학습 자료로, 미국 기업의 달 착륙 뉴스는 지구와 달의 자전주기 차이를 배워보는 과학 학습 자료로 재탄생하는 식이에요.

이 책은 2023년 하반기부터 2024년 상반기까지 어린이동아에 실린 기사 중 초등생이 꼭 알아야 할 상식을 포함하는 뉴스 100개를 뽑아 신문보다 업그레이드된 방식으로 제시합니다. △경제·사회 △세계·국제 △과학·기술 △환경·생물 △문화·스포츠 총 5개 분야로 나눠 분야별 20개씩의 기사를 엄선했습니다. 각 기사에서 어린이들이 어려워할 만한 단어는 별도의 뜻풀이를 달았습니다. 기사별로 상식 학습을 돕는 키워드 설명과 점검 퀴즈를 담아내는 한편 논리력·사고력·창의력을 키울 수 있는 독후 활동도 제시합니다.

딱 100일만 투자해 하루에 기사 하나씩을 꼭꼭 씹어 소화해보세요. 교과 학습에 필요한 상식이 차곡차곡 쌓여 글을 읽고 잘 이해할 수 있는 '독해 근력'이 완성되면서 궁극적으로는 학업 능력을 높이는 토대가 마련될 것입니다.

어린이동아 취재기자
김재성 장진희 권세희 전선규

차 례

CHAPTER 1 경제 | 사회

1. 가격은 그대로인데, 찐빵에 팥이 없네… — 14
2. 고객이 원하는 것? A부터 Z까지 파헤치세요! — 16
3. 관광객 때문에 "못 살겠다 꾀꼬리!" — 18
4. "난 F인데, 넌 T야?" 이게 대체 무슨 말? — 20
5. 당신이 창업자라도 오늘부로 해고야! — 22
6. 라면 면발이 꼬불꼬불한 세 가지 이유 — 24
7. 무시무시한 흑사병보다 더 무서운 ○○○ — 26
8. 보여줄게~ 완전히 달라진~ ♬ 편의점! — 28
9. 부자들아! 우리 사이는 점점 더 멀어지나봐 흑흑 — 30
10. 비행기 사고로 사망할 확률, 2억분의 1이라지만… — 32
11. 사장님, 일회용품 규제가 많이 힘드셨죠? — 34
12. 스마트폰 사용을 '다이어트' 하자! — 36
13. 식용 개를 사육하는 '뜬장'을 아시나요? — 38
14. '아름다움'은 무지개 빛깔처럼 다채롭단다 — 40
15. 어려운 수학 과목 없애면 출산율 높아질까요? — 42
16. 연필로 필기할래요? 태블릿에 타이핑할래요? — 44
17. 의사선생님! 화상 통화로 진료해주세요 — 46
18. 저는 이 회사의 CEO로 있는 인공지능입니다 — 48
19. 친구 따라~ 인플루언서 따라~ 나도 사볼까? — 50
20. 특명: '쌀' 가격을 끌어올려라! — 52

CHAPTER 2 세계 | 국제

21. 꽉 막힌 이 도로를 어찌할꼬… — 56
22. 내 사랑 푸바오~ 꼭 떠나야만 하니? ㅠㅠ — 58
23. 달로 향할 나라들, 여기여기 모여라~ ♪ — 60
24. 두둥실~ 풍선을 높이 더 높이 — 62

25. 러시아 위협 막아줄 우산에 쏙 들어가 볼까? · 64
26. 맥도널드 있는 나라끼리는 사이좋게 지냅시다! · 66
27. 무모한 도전은 참아주길 바랍니다 · 68
28. 빵 냄새 뒤덮은 총성은 언제 끝날까요? · 70
29. 석유 팔아 돈 버는 나라에서 벗어나려고요 · 72
30. 세계 정상들도 맛집 탐방 고고! · 74
31. 소 잃기 전에 미리미리 외양간 고쳤다면 · 76
32. 손대면 뻥 하고 터질 것만 같은 중동 화약고 · 78
33. 이만하면 왕관 쓸 자격 있죠? · 80
34. 이토록 낭만적인 올림픽 보셨나요? · 82
35. 인도인들에겐 뭔가 특별한 게 있다니까! · 84
36. 저는 15개 나라의 국가원수를 지내고 있습니다 · 86
37. 정말 극단적인 방법만이 최선입니까? · 88
38. 중국에겐 눈엣가시, 미국에겐 눈에 넣어도 안 아픈… · 90
39. 지구촌 인구 4명 중 1명이 아프리카인? 곧 옵니다! · 92
40. 프랑스 식탁을 책임지는 '겉바속촉'의 원조 · 94

CHAPTER 3 과학 | 기술

41. 노벨상 메달을 유리벽에 대고 '똑똑' · 98
42. 달을 남김없이 '다~누리'고 있다 오버! · 100
43. 목적지까지 '안전하게' 데려다줄래요? · 102
44. 변기야! 나의 대변을 분석해줘! · 104
45. 변신 로봇은 현실에서도 출동! · 106
46. 빙하, 빙산, 빙붕…? 뭐가 다른 거야? · 108
47. 새 부리처럼 앞을 뾰족하게 만드니 조~용해졌네 · 110
48. 색도 없고, 냄새도 없다고 무시하지맛! · 112
49. 스파이더맨처럼 날렵하다고요 · 114
50. 실낱같은 빛도 다~ 보인다 보여 · 116
51. 아르테미스: 아폴로 오빠! 나도 달로 가게 됐어 · 118

52. 에헴! 나도 어엿한 과학계 인물이라고! ······ 120

53. 옷에 '기술'이라는 진짜 날개가 달렸어요 ······ 122

54. 와앙~ 청소기처럼 싹 빨아들여주마! ······ 124

55. 인내하고, 인내하고, 또 참아야 하느니라 ······ 126

56. 인터넷 안 되는 비행기에서도 외국인과 대화하세요 ······ 128

57. 조그마한 돌덩이가 무시무시하네! ······ 130

58. 초속 7㎞? 세상에서 가장 빠른 쓰레기네··· ······ 132

59. 화성으로 이사 갈 사람 모십니다! ······ 134

60. 휴머노이드로 "빨래~ 끝!" ······ 136

CHAPTER 4 환경 | 생물

61. 귀여운 돌고래 아가~ 울었쪄? ······ 140

62. 내 코가 괜히 '개코'겠어요? 킁킁 ······ 142

63. 너희 동네로 돌아가 줘~ 제발! ······ 144

64. 누구보다 강하지만 남들보단 조~금 느려 헤헤 ······ 146

65. 눈물까지도 바싹 메말라버린 지구의 허파 ······ 148

66. 말썽부리지 않기로 약속하냐옹? ······ 150

67. 매일 살이 1㎏씩 빠져요··· 살려주세요! ······ 152

68. 먹지 마세요, 생태계를 위해 양보하세요 ······ 154

69. 바다냐 땅이냐, 그것이 문제로다 ······ 156

70. 비좁은 축사만 아니면 깔끔한 동물이라고요! ······ 158

71. 실종된 비봉이를 찾습니다 ······ 160

72. 아리따운 눈망울의 사슴이 골칫거리가 된 사연 ······ 162

73. 우리 집 코코 나이가 나보다 많다고요? ······ 164

74. 의사 같기도, 농부 같기도, 건축가 같기도··· ······ 166

75. 이 동물이 살던 곳은 석기시대부터 명당이었느니라 ······ 168

76. 입에 계속 당기는 된장찌개 같은 바로 그 맛! ······ 170

77. '자연의 청소부'라 불러주소 쇠똥구리! ······ 172

78. 지구의 '보물 창고'는 건들지 말아주렴 … 174

79. 크앙~ 내 뼈를 팔고, 산다고? … 176

80. '핫(hot)하게' 하는 연료, 퇴출해? 말아? … 178

CHAPTER 5 문화 | 스포츠

81. 갈기갈기 찢어진 그림도 예술이 됩니다 … 182

82. 그녀가 떴으니 지갑을 열어볼까? … 184

83. 너도 우리나라의 효자가 되어줘! … 186

84. 대한민국의 아이돌 그룹을 모셔오세요! … 188

85. 마법 같은 신비함 간직한 '철의 나라' … 190

86. 비틀스여, 다시 부활해주오! … 192

87. 빛, 안개, 수련… 그리고 매연? … 194

88. 사이좋게 번갈아가면서 손에~ 손잡고요! … 196

89. 세계에서 가장 유명한 생쥐랍니다 찍찍 … 198

90. 소신에게는 아직 키보드와 마우스가 있습니다 … 200

91. 스타 선수와의 동행, Just Do It(해보는 거야) … 202

92. 실력은 세계 1위, 마음가짐은 우주 1위 … 204

93. 언제나 나처럼 '스마~일' 하세요! … 206

94. 올림픽 메달 땄는데 환하게 웃지 못했던 이유 … 208

95. 작은 고추가 매워진 비법이 궁금해? … 210

96. 태극 전사도 '별들의 전쟁'에 참전합니다 … 212

97. 한국식 이름에 자부심 느낍니다! … 214

98. 헉, 헉… 그리스가 페르시아를 이겼습니다! … 216

99. 혹시 만화 찢고 나온 주인공인가요? … 218

100. 황금빛 글러브 안에 모든 공이 쏙쏙 … 220

부록

이 책에 실린 시사 키워드 … 222

이 책에 실린 347개 어휘 … 226

사용설명서

'초등신문 100일의 기적'에는 총 100개의 기사가 실렸습니다. 100개의 기사는 관련 활동을 포함해 각각 2페이지씩 구성됩니다. 부담 없이 매일 2페이지씩 읽어나간다면 어린이들이 꼭 알아야 할 최신 상식에 대한 학습을 100일 만에 뚝딱 끝낼 수 있을 것입니다.

이 책에 실린 모든 기사는 다음과 같이 구성됐습니다.

15 어려운 수학 과목 없애면 출산율 높아질까요?

[1] 저출산이 우리 사회의 문제로 떠오르면서 이를 해결하기 위한 여러 방안이 논의되고 있어요. 그 중 하나로 **사교육비** 부담을 낮추는 것이 꼽혀요. 정부는 사교육비를 낮추기 위한 정책을 마련하면 젊은 부부들이 지금보다 아기를 더 많이 낳을 것이라고 보고 있어요. **입시** 제도를 바꿔 사교육비 부담을 낮추겠다는 계획이지요.

[2] 정부는 2028학년도 입시부터 대학수학능력시험(수능)에서 선택 과목을 없애겠다고 밝혔어요. 2028학년도부터는 문·이과의 구분 없이 모든 학생들이 같은 수능 시험을 치게 되는 것이지요. 특히 수학에서 '미적분Ⅱ' '기하'와 같은 어려운 선택 과목이 사라지게 돼요. 현재 문과에서 배우는 수준의 수학 시험만 준비하면 되지요.

[3] 어려운 과목이 사라지면 학교 수업을 듣는 것과 별개로 과외를 받거나 학원에 가는 학생들이 줄어들게 될 것이라고 정부는 기대해요. 사교육에 대한 **수요**가 줄면 사교육비가 저렴해지고 당연히 부모들의 부담도 줄어들겠지요. 하지만 2024년 1월, 정부는 자율형사립고, 외국어고, 국제고 등 **특목고**는 폐지하지 않기로 결정했는데, 특목고에 진학하기 위한 사교육 수요는 늘어날 것이라는 주장이 나오는 상황이에요.

기사 본문

어린이들이 알아야 할 상식이 담긴 뉴스를 3개 문단으로 이뤄진 기사로 제시합니다. 어린이동아에 실린 기사를 토대로 뉴스를 선별했지만 신문에 게재된 기사와는 달리 △이슈로 떠오른 배경 △연관된 또 다른 이슈 △뉴스를 바라보는 여러 시각을 종합적으로 다뤄 독자들이 체계적으로 이슈를 이해하도록 했습니다.

단어 설명

사교육비 나라가 실시하는 공교육 외에 추가적으로 교육을 받기 위해 지출하는 모든 비용
입시 입학생을 뽑기 위해 지원자들에게 치르게 하는 시험
수요 물건, 서비스를 일정한 가격으로 사려고 하는 욕구
특목고 특정한 과목에 우수한 학생을 뽑아 기르는 것을 목적으로 하는 고등학교

모든 기사는 어린이들도 쉽게 이해할 수 있는 단어와 표현으로 작성됐으나 초등생이 반드시 알아야 할 어휘들은 어려운 한자어라도 담아냈습니다.

단어 설명

이 경우 해당 단어의 뜻풀이를 덧붙였습니다. 이 뜻풀이 또한 어린이들의 눈높이에 맞췄습니다.

키워드

뉴스 속의 키워드(핵심 용어)를 깊이 있게 소개합니다. 앞으로도 우리 사회에서 꾸준히 언급될만한 시사 키워드입니다. 단순히 키워드의 뜻을 풀이해주는 데에서 나아가 키워드와 관련된 여러 이슈도 함께 소개하므로 상식을 쌓는 데 큰 도움이 될 겁니다.

상식 점검 퀴즈

기사를 읽고 키워드를 공부하며 배운 지식을 스스로 점검해보는 코너입니다. 국어, 수학, 영어, 사회, 과학 교과와 연관돼 OX 퀴즈, 빈칸 채우기, 연결 짓기, 객관식, 단답형, 서술형 퀴즈가 다채로운 형태로 출제됩니다. 퀴즈를 푼 뒤에는 아래에 거꾸로 표시된 정답을 곧바로 확인해볼 수 있습니다.

🔖 키워드
저출산

아기를 적게 낳는 현상을 말해요. 우리나라의 저출산은 심각한 수준이에요. 2023년 3분기(7~9월) 기준 우리나라의 합계출산율(여성 한 명이 낳을 것으로 예상되는 평균 출생아 수)은 0.7명으로 1명에 미치지 못해요. 이대로 가면 노인 인구의 비율이 지나치게 높아져 우리나라의 사회·경제적 활력이 떨어질 것으로 예상돼요.

🧠 상식 점검 퀴즈

Q. '저출산'이라는 결과를 낳은 원인과 해결 방안을 정부의 입장에서 정리해봅시다. 다음 표의 빈칸에 들어갈 말을 써보세요.

원인	결과	해결 방안
젊은 부부들의 □□□□ 부담이 심함	아기를 낳지 않게 되면서 저출산이 심해짐	○○ 제도를 바꿔 사교육비 부담을 낮춰 저출산 위기를 극복함

정답: 사교육비 입시

기사를 읽은 뒤에 할 만한 보충 활동을 제안하는 코너입니다. 이 코너는 기사에 따라 '한 뼘 더 상식 키우기'와 '한 뼘 더 생각 넓히기'로 구분돼 각각 제시됩니다.

💡 한 뼘 더 상식 키우기

현재 대학수학능력시험(수능)에서 인문계열 진학을 희망하는 수험생은 주로 사회탐구 과목을, 자연계열 진학을 희망하는 수험생은 주로 과학탐구 과목을 선택하는 방식으로 시험이 치러져요. 하지만 2028학년도부터는 이런 구분 없이 선택 과목이 사라져 의대 진학을 희망하든, 국어국문학과를 희망하든 모든 수험생이 똑같은 문제지를 풀게된답니다.

🧠 한 뼘 더 생각 넓히기

디지털 기기 사용을 최소화하고 종이책을 폭넓게 활용하는 스웨덴 학교의 시도에 대해 학생들의 문해력과 집중력을 향상시킬 수 있는 방법이라고 환영한다는 입장이 있지만 시대의 흐름을 거스르는 시도라는 주장도 있어요. 나는 어떤 의견에 동의하는지 써보아요.

한 뼘 더 상식 키우기

'한 뼘 더 상식 키우기'에선 이슈와 연관된 또 다른 상식을 알려줍니다. 제시된 내용을 읽고 관련 자료를 더 탐색해보는 등 추가적 상식 학습 활동으로 활용해도 좋습니다.

한 뼘 더 생각 넓히기

'한 뼘 더 생각 넓히기'는 주로 이슈와 연관된 쟁점이 있을 경우에 제시됩니다. 글을 직접 써보며 해당 사안을 보다 입체적으로 바라보고, 자신만의 생각을 확립하게 해 논리력·사고력·창의력을 기르는 데 도움이 될 것입니다.

CHAPTER

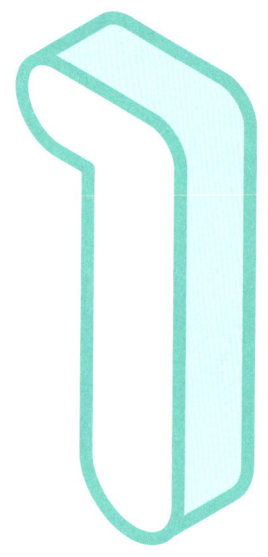

경제 | 사회

1. 가격은 그대로인데, 찐빵에 팥이 없네…
2. 고객이 원하는 것? A부터 Z까지 파헤치세요!
3. 관광객 때문에 "못 살겠다 꾀꼬리!"
4. "난 F인데, 넌 T야?" 이게 대체 무슨 말?
5. 당신이 창업자라도 오늘부로 해고야!
6. 라면 면발이 꼬불꼬불한 세 가지 이유
7. 무시무시한 흑사병보다 더 무서운 ○○○
8. 보여줄게~ 완전히 달라진~ ♬ 편의점!
9. 부자들아! 우리 사이는 점점 더 멀어지나봐 흑흑
10. 비행기 사고로 사망할 확률, 2억분의 1이라지만…
11. 사장님, 일회용품 규제가 많이 힘드셨죠?
12. 스마트폰 사용을 '다이어트' 하자!
13. 식용 개를 사육하는 '뜬장'을 아시나요?
14. '아름다움'은 무지개 빛깔처럼 다채롭단다
15. 어려운 수학 과목 없애면 출산율 높아질까요?
16. 연필로 필기할래요? 태블릿에 타이핑할래요?
17. 의사선생님! 화상 통화로 진료해주세요
18. 저는 이 회사의 CEO로 있는 인공지능입니다
19. 친구 따라~ 인플루언서 따라~ 나도 사볼까?
20. 특명: '쌀' 가격을 끌어올려라!

가격은 그대로인데, 찐빵에 끝이 없네…

[1] 세계적으로 **물가**가 치솟는 가운데 일부 기업이 소비자에게 눈속임으로 상품을 판매하고 있어 눈살을 찌푸리게 해요. 가격은 그대로 두어 소비자들이 쉽게 눈치채지 못하게 하지만 제품의 용량을 줄이거나  제품에 들어가는 중요한 재료의 양을 줄이는 식으로 실제로는 가격을 올리는 정책을 취하고 있는 것이지요.

[2] 이 같은 현상을 일컫는 용어가 바로 '슈링크플레이션(shrinkflation)'이에요. '줄이다'라는 뜻의 영어 단어 '슈링크(shrink)'와 '가격 **상승**'을 뜻하는 단어인 '인플레이션(inflation)'을 합쳐 만든 말이에요. 예를 들어 참치 캔을 전과 같은 가격으로 판매하지만 용량을 줄였다면 이것은 슈링크플레이션의 사례에 해당해요.

[3] 가격과 용량은 그대로 둔 채로 주요한 성분의 **함량**을 줄이는 '스킴플레이션(skimpflation)'의 사례도 나타나요. 예를 들면 오렌지 주스에서 과즙의 함량을 줄이는 식이지요. 스킴플레이션은 '인색하게 아끼다'라는 뜻의 영어 단어 '스킴(skimp)'과 '인플레이션(inflation)'을 합쳐 만들어진 말이에요. 마요네즈에서 중요한 재료인 달걀노른자의 함량을 줄이는 것도 이 같은 사례에 해당해요.

 **키워드**

인플레이션(inflation)

물가가 계속해서 오르는 현상을 뜻하는 용어예요. 러시아와 우크라이나 전쟁 등으로 2021년부터 세계적인 물가 상승이 이어지자 가격이 치솟는 제품에 인플레이션을 붙인 신조어(새로 만든 단어)가 쏟아지고 있어요. 설탕과 우유, 소금 가격이 오른 것을 놓고 각각 슈거플레이션(sugarflation), 밀크플레이션(milkflation), 솔트플레이션(saltflation)이라고 표현하는 식. 물가가 올라 "점심 먹으러 나가기가 무섭다"는 하소연은 '런치플레이션'(lunchflation)이라는 신조어를 만들어내기도 했어요.

상식 점검 퀴즈

Q. 윗글을 읽고, 다음을 뜻하는 영어 단어를 써보세요.

① 줄이다

② 인색하게 아끼다

③ 점심식사

※정답: ① shrink ② skimp ③ lunch

한 뼘 더 상식 키우기

기업으로선 물가가 올라 제품의 가격을 올릴 수밖에 없는데 제품의 가격을 갑자기 올려버리면 소비자들이 외면하니 슈링크플레이션 전략을 취한다는 분석이 나와요. 하지만 이는 소비자들을 속이는 행위! 프랑스의 대형마트 까르푸는 소비자들의 피해를 막기 위해 특정 제품 옆에 '기업이 이 제품의 용량을 줄여 사실상 가격을 올렸다'고 크게 써 붙여 놓고 있어요.

> **단어 설명**
>
> **물가** 물건의 값
>
> **상승** 낮은 데서 올라감
>
> **함량** 물질에 다른 성분이 포함된 분량 또는 정도

2. 고객이 원하는 것? A부터 Z까지 파헤치세요!

[1] 2024년 1월 개봉한 영화 '아마존: 더 비기닝'은 세계 최대의 온라인 쇼핑몰인 아마존을 **창업**한 제프 베이조스의 **일대기**를 다뤘어요. 이 영화는 베이조스가 안정적인 직장을 떠나 자신의 꿈을 담은 회사를 세우기까지의 과정을 담았지요.

[2] 미국 블룸버그 통신의 '세계 억만장자 지수'에 따르면 베이조스는 전 세계 3위(2023년 12월 기준)의 부자예요. 베이조스는 지난 1994년 아마존을 창업했어요. 당시 그는 인터넷 사용자가 매년 폭발적으로 늘어나는 것을 보고 "인터넷에서 물건을 팔면 성공할 수 있겠다"고 생각했어요. 그래서 잘 다니던 **금융** 회사를 그만두고 자신의 집 **차고**에서 사업을 시작했지요.

[3] 세워진지 30년이 된 아마존은 처음엔 온라인 서점으로 시작해 오늘날엔 수억 종류의 상품을 파는 종합 쇼핑몰로 탈바꿈했어요. 그야말로 없는 것이 없기 때문에 아마존을 '에브리싱 스토어(everything store·모든 것을 파는 상점)'로 부르기도 해요. 베이조스는 직원들에게 "고객이 원하는 것이 무엇인지를 집착적일 정도로 파헤치라"고 강조해요. 그러다 보면 고객에게 필요한 것을 판매할 수 있게 되고 반드시 성공할 수 있다는 것이지요.

키워드

제프 베이조스

미국의 기업가. 세계 최대의 온라인 쇼핑몰인 아마존을 1994년 창업했으며 2021년까지 아마존의 최고경영자(CEO)를 지냈어요. 현재는 그가 2000년 세운 우주 기업인 블루 오리진이 추진하는 사업에 집중하고 있어요.

상식 점검 퀴즈

Q. 제프 베이조스에 대한 다음의 설명이 맞으면 O, 틀리면 X에 표시하세요.

① 세계 최대의 온라인 쇼핑몰인 아마존을 1994년 창업했다.   O / X

② 세계 3위의 억만장자에 오른 부자로, 차고에서 사업을 시작했다.   O / X

③ 현재는 전기차 회사 테슬라의 최고경영자(CEO)다.   O / X

※정답: ① O ② O ③ X(테슬라의 CEO는 일론 머스크)

한 뼘 더 상식 키우기

베이조스는 끊임없이 창의적 아이디어를 내는 것으로도 유명해요. 우주 기업 스페이스X를 세운 일론 머스크 테슬라 CEO보다 2년 앞서 블루 오리진을 세우며 우주 탐사의 꿈을 키우기도 했지요. 블루 오리진은 미국 항공우주국(NASA·나사)의 달 착륙선 개발 사업자로 선정돼 착륙선 '블루문'은 2029년 발사될 예정이랍니다.

단어 설명

창업 처음으로 이루어 시작함

일대기 한 사람의 일생에 관한 내용을 적은 기록

금융 돈을 융통함

차고 자동차를 넣어 두는 곳

3 관광객 때문에 "못 살겠다 삐꼬리!"

[1] 코로나19의 세계적 **확산**이 잦아들면서 해외여행을 떠나는 사람들이 폭발적으로 늘었어요. 해외의 유명 관광 도시는 늘어난 관광객 때문에 골머리를 앓기도 해요. 관광객이 늘어나면 도시 경제가 활성화되어 좋을 것 같다고요? 주민들은 평화로운 일상을 빼앗겨 고통스럽다고 말하기도 해요.

[2] 상황이 이렇다 보니 이탈리아 북부의 아름다운 **수상** 도시인 베네치아는 이 도시를 방문하는 관광객에게 2024년 4월부터 입장료로 5유로(약 7135원)씩 받기로 했어요. 단, 모든 관광객을 대상으로 하는 것은 아니에요. 베네치아에서 **숙박**을 하지 않고 방문한 당일 바로 떠나는 관광객을 대상으로 입장료를 받기로 했지요. 입장료를 걷으면 관광객의 수가 조절될 것으로 기대돼요.

[3] 이밖에도 베네치아는 2024년 6월부터 25명이 넘는 단체 관광객을 받지 않는다고 발표했어요. 단체 관광객이 거리를 가득 메워 주민들이 이동하는 데 어려움을 겪자, 이 같은 결정을 내린 것이지요. 이 도시에서는 가이드가 **확성기**를 사용하는 것도 금지돼요. 마찬가지로 주민들이 **소음**으로 인해 피해를 입고 있다고 호소한 것에 따른 조치예요.

키워드

베네치아

이탈리아 북동부에 있는 도시로, 120개 가까운 섬이 400여 개의 다리로 이어져 있는 '물의 도시'예요. 물길로 이어진 도시 곳곳을 수상택시와 수상버스가 오가는 낭만의 도시이지요. 영어식 발음으로는 '베니스'라 불려요. 원래 베네치아는 사람이 살기에 적합하지 않았지만 5세기 경 이곳에 정착한 고대인들이 긴 말뚝을 박아 땅을 마련해 도시를 지었어요.

상식 점검 퀴즈

Q. 다음은 베네치아를 여행하려는 관광객이 여행 가이드에게 한 말입니다. 여행 가이드가 할 말로 적절하지 않은 것을 고르세요.

> 관광객: 2024년 5월, 30명 정도의 인원이 베네치아에 가려고 합니다. 고려해야 할 사항이 있을까요?

① 4월부터 베네치아 입장료를 내야 합니다. 총 150유로의 입장료를 준비하셔야 해요.

② 4월부터 베네치아의 단체 관광은 금지됐습니다. 관광을 하실 수 없어요.

※정답: ②(단체 관광은 6월부터 금지되었음.)

한 뼘 더 생각 넓히기

관광객을 제한하면 도시를 보호할 수 있고 주민들의 불편도 해소될 것이라는 의견이 있어요. 하지만 많은 관광객이 도시를 방문하지 못하면 관광 산업이 침체돼 주민들이 경제적 어려움을 겪을 수 있다는 지적도 있지요. 나는 어떤 의견에 동의하는지 써보아요.

단어 설명

확산 흩어져 널리 퍼짐
수상 물의 위
숙박 잠을 자고 머무름
확성기 소리를 크게 하여 멀리까지 들리게 하는 기구
소음 불쾌하고 시끄러운 소리

4 "난 F인데, 넌 T야?" 이게 대체 무슨 말?

[1] "너 혹시 'T'야?" 이 말을 이해할 수 있나요? 성격유형검사인 MBTI의 결과에 T(사고형)가 포함되느냐고 묻는 질문이지요. T가 포함된 유형으로 분류되는 사람은 F(공감형)를 가진 사람에 비해 논리적인 판단을 중시하는 것으로 알려져요.

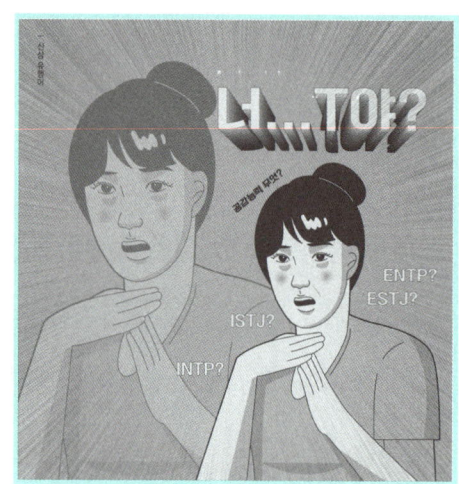

[2] 지난 몇 년 간 우리나라에서는 인터넷에 공개된 설문조사를 통해 스스로 MBTI 검사를 실시하고 이 결과를 주변 사람들과 공유하며 이야기를 나누는 것이 유행이에요. 하지만 누군가를 MBTI의 결과만으로 평가하는 태도는 위험하다는 지적이 나와요. 일상생활에서 MBTI로 사람을 판단하는 것도 문제이지만 일부 회사가 **채용** 과정에서 MBTI를 물어보기도 하여서 논란이 일었어요.

[3] 지난해 멕시코의 일간 신문인 엑셀시오르는 이 같은 한국의 문화를 꼬집는 기사를 내보내기도 했어요. 이 신문은 "사람들은 검사를 통해 자신의 정체성을 확인하고 다른 사람들과 어떤식으로 소통해야 하는지 파악하는데, 한국에서는 젊은 세대가 MBTI의 결과에 지나치게 의존한다"며 "친구나 연인을 사귈 때에도 MBTI가 중요하게 여겨진다"고 했어요. 그러면서 재미 삼아 MBTI를 검사하는 것은 괜찮지만 그것을 심각하게 받아들이는 것은 **경계**해야 한다고 지적했지요.

키워드

MBTI

일상생활에 활용할 수 있도록 만들어진 성격유형검사예요. 사람마다 △에너지를 얻는 방식(외향형(E)-내향형(I)) △현실 인식 방법(감각형(S)-직관형(N)) △판단 방법(사고형(T)-감정형(F)) △생활양식(즉흥형(P)-계획형(J)) 면에서 차이가 있다고 보고 성격 유형을 16가지로 분류해 'ISTJ', 'ENFP' 등과 같이 4개의 알파벳으로 표현한 것이에요.

MBTI 검사는 1940년대 미국에서 제2차 세계대전(1939~1945년 벌어진 세계적 규모의 전쟁) 당시 여성들에게 적성에 맞는 일자리를 찾아주기 위해 개발됐어요.

상식 점검 퀴즈

Q. 윗글을 읽고, 다음 둘의 대화를 본 뒤 빈칸에 공통적으로 들어갈 말을 써보세요.

> 수지: 제 MBTI요? 전 ISFJ예요.
> 민지: 성격유형에 J가 포함된 것을 보니 평소에 ☐☐적으로 생활하겠군요.
> 수지: 반드시 그렇진 않아요. 여행을 갈 때도 철저하게 ☐☐을 세우기보다는 즉흥적으로 현지에서 가고 싶은 데를 찾기도 하거든요.

※정답: 계획

한 뼘 더 생각 넓히기

미국의 경제지 포천(Fortune)에 따르면 많은 기업들이 채용 과정에서 MBTI를 활용하는 것으로 알려졌어요. 지원자의 MBTI를 확인한 뒤 해당 지원자가 직무에 적합한지를 살펴보는 것이지요. 채용 과정에서 MBTI를 활용하는 것에 대해 어떻게 생각하는지 써보아요.

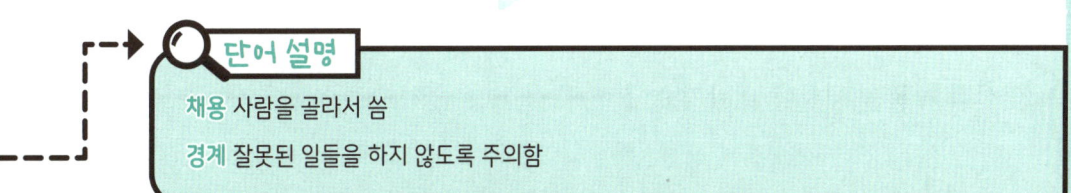

단어 설명

채용 사람을 골라서 씀

경계 잘못된 일들을 하지 않도록 주의함

5 당신이 창업자라도 오늘부로 해고야!

[1] 우리나라에서 기업의 **창업자**가 해고되는 것은 흔하지 않은 일이에요. 하지만 미국에서는 종종 이 같은 상황이 벌어지기도 해요. 아무리 창업자라고 해도 **이사회**가 판단하기에 회사의 운영과 **주주**의 이익에 방해가 된다면 해고할 수 있는 것이지요.

[2] 2023년 말, 미국의 오픈AI라는 정보기술(IT) 기업의 이사회가 최고경영자(CEO)인 샘 올트먼을 해고한 일이 있었어요. 오픈AI는 2023년 세계를 깜짝 놀라게 한 인공지능(AI) 채팅 로봇인 챗GPT를 개발한 회사. 올트먼은 챗GPT를 개발하는 데 핵심적 역할을 했을 뿐 아니라 오픈AI를 창업한 사람인데, 이사회는 "리더십이 부족하다"며 그를 해고했지요. 이에 대해 오픈AI 직원들이 반발하여 올트먼은 다시 회사로 돌아올 수 있었지요.

[3] 고(故·세상을 떠난) 스티브 잡스(1955~2011)도 자신이 세운 회사인 애플에서 해고된 적이 있어요. 그는 지나치게 **독단적**인 주장을 펼치는 바람에 1985년 이사회로부터 해고됐어요. 잡스는 자신이 세운 회사에서 쫓겨난 것에 충격을 받았어요. 그는 좌절하지 않고 계속 IT업계에서 도전을 이어갔지요. 이후 1996년 다시 애플로 돌아온 잡스는 CEO에 복귀하며 아이팟, 아이폰 같은 혁신적 제품을 세상에 내놨지요.

키워드
오픈AI
미국의 인공지능 개발 회사. 대형 언어 모델(LLM)이라는 시스템을 기반으로 하는 인공지능(AI) 채팅 로봇인 '챗GPT'를 2022년 11월 세상에 내놔 세계적인 주목을 받았어요. 챗GPT의 아버지라고 불리는 샘 올트먼이 최고경영자(CEO)로 있어요.

상식 점검 퀴즈
Q. 다음의 인물과 연관된 키워드를 찾아 선으로 적절하게 이어보세요.

① 샘 올트먼　　　　　　　　　㉠ 오픈AI
　　　　　　　　　　　　　　　㉡ 애플
② 스티브 잡스　　　　　　　　㉢ 아이폰
　　　　　　　　　　　　　　　㉣ 챗GPT

※정답: ① ㉠-㉣ / ② ㉡-㉢

한 뼘 더 상식 키우기
쫓겨난 뒤 복귀했다가 승승장구(이긴 형세를 타고 계속 몰아침)하게 된 사례는 또 있어요. 2006년 소셜미디어 '트위터'(현재의 X)를 만든 잭 도시가 대표적! 2008년 이사회로부터 쫓겨났지만 2016년 다시 트위터로 돌아가 CEO를 맡았고 2년 뒤 트위터는 사상 첫 흑자(수입이 지출보다 많아 이익이 생김)를 기록했답니다.

단어 설명
창업자 회사를 처음으로 세워 사업을 시작한 사람
이사회 회사의 업무를 수행하기 위한 사항을 결정하는 기관
주주 회사의 주식(회사의 자본을 구성하는 기본 단위)을 갖고 경영에 참여하는 사람
독단적 혼자 판단하거나 결정하는(것)

6 라면 면발이 꼬불꼬불한 세 가지 이유

[1] 2023년 한국의 라면 수출액이 사상 처음으로 1조 원을 넘어선 것으로 조사됐어요. 2023년 1~10월 라면의 수출액은 7억8525만 달러(약 1조483억 원)를 기록했어요. 10개월 만에 2022년의 수출액을 넘어선 것. 우리나라의 라면 수출액은 지난 2015년부터 9년 연속으로 **최고치**를 **경신**하고 있지요.

[2] 한국에서 라면이 처음 출시된 지 60년 만에 이 같은 성과를 냈다는 점에서 의미가 있어요. 지난 1963년 삼양식품이라는 기업이 우리나라 최초의 라면인 '삼양라면'을 선보였어요. 당시에는 쌀이 귀한 시대였기 때문에 라면은 **서민**들의 삶에 깊숙이 자리 잡았어요. 라면은 밀가루로 만들었기 때문에 값은 쌀보다 훨씬 저렴했어요. 그런데 배는 든든하게 채울 수 있고 깊은 맛을 내어 서민들에게 큰 사랑을 받았지요.

[3] 최근 우리나라의 라면은 제2의 **전성기**를 맞았어요. 라면이 수출 효자 상품이 된 데에는 K팝의 영향이 커요. K팝이 세계적 인기를 끌면서 K팝 아이돌 그룹의 멤버가 일상적으로 먹는 음식으로 알려진 라면에 대한 폭발적 관심이 생겨난 것이지요. 어떤 멤버는 라면을 맛있게 먹는 자신만의 조리법을 소개하는 등 라면을 소재로 세계 팬들과 적극적으로 소통하기도 해요.

 **키워드**

수출액

한 국가에서 만들어진 상품이나 기술을 다른 나라에 내다 파는 것을 '수출'이라고 하는데, 이렇게 팔아서 벌어들인 돈의 액수를 '수출액'이라고 해요. 반대로 다른 나라의 상품이나 기술을 사들이는 것은 '수입', 사들여 온 액수를 '수입액'이라고 하지요.

 **상식 점검 퀴즈**

Q. 다음 중 라면이 제2의 전성기를 맞게 된 배경으로 적절하지 <u>않은</u> 것을 고르세요.

① K팝의 세계적 인기로 라면에 대한 세계적 관심이 늘어남

② 쌀이 귀한 시대라 서민들에게 사랑을 받음

※정답: ②

한 뼘 더 상식 키우기

라면의 면발은 왜 꼬불꼬불한 걸까요? 면발이 꼬불꼬불해야 끓일 때 뜨거운 물이 순환하면서 면을 빠르게 고루 익힐 수 있고, 면에 짭짤한 국물의 맛이 더 골고루 배어들지요. 긴 면을 작은 라면 봉지에 쏙 담기에도 꼬불꼬불한 면발이 제격! 면을 꼬불꼬불하게 만들면 한 봉지에 약 50m 길이의 면을 담을 수 있답니다.

단어 설명

최고치 가장 높은 값

경신 앞의 기록을 깨뜨림

서민 경제적으로 넉넉하지 않은 사람

전성기 한창 왕성한 시기

7 무시무시한 흑사병보다 더 무서운 ○○○

[1] 우리나라에서 **저출산**이 문제로 떠오른 가운데 이 같은 현상이 계속된다면 인구가 매우 빠른 속도로 줄어들게 될 것이라는 안타까운 분석이 나왔어요. 미국의 일간신문인 뉴욕타임스는 "한국의 인구 감소는 14세기 유럽에서 흑사병이 유행했던 시기보다 빠른 속도로 진행될 수 있다"는 어두운 전망을 내놓기도 했지요.

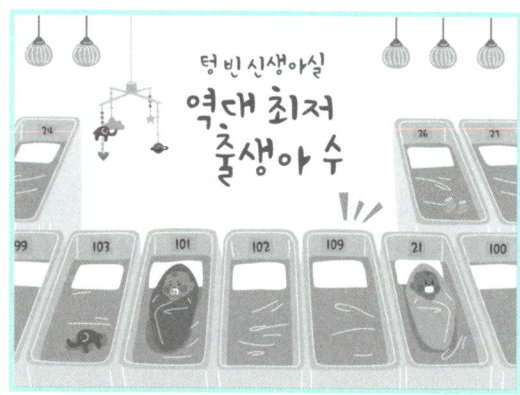

[2] 저출산이 이어진다면 2050년에는 청년에 해당하는 19~34세의 인구가 지금의 절반 수준으로 줄어들 것으로 예상돼요. **통계청**에 따르면 우리나라의 청년 인구는 1021만3000명(2020년 기준)으로 전체 인구의 약 20%를 차지해요. 그러나 2050년에는 청년 인구가 521만3000명으로 줄어들고 전체 인구의 11%만을 차지하게 될 것으로 보여요.

[3] 청년 인구의 숫자와 비율이 줄어드는 것은 심각한 문제예요. 청년 인구는 열심히 돈을 벌고 그에 따라 적극적으로 **소비**를 하기 때문이지요. 청년 인구는 핵심적인 경제 활동 주체이기 때문에 이들의 숫자가 줄어들면 우리나라 경제 전체가 휘청일 것으로 예상되어 정부와 기업은 저출산을 막기 위한 각종 대책을 마련하는 모습입니다.

키워드
흑사병

쥐와 같은 동물에 의해 전파되는 '페스트균'에 감염되어 나타나는 전염병이에요. 현재는 사라졌지만 이 병에 감염되면 높은 열과 두통에 시달리다 목숨을 잃는 경우도 많았어요. 1300년대에 유럽에서 유행해 역사상 가장 큰 규모의 사망자를 낸 전염병으로, 감염되면 피부가 검게 변하는 경우도 있어 흑사병으로 불렸어요.

상식 점검 퀴즈

Q. 앞서 소개된 통계청의 '청년 인구' 자료를 바탕으로 2020년 우리나라 전체 인구와 2050년 우리나라 전체 인구가 얼마나 될지 대략적으로 계산해보세요.

2020년 우리나라 전체 인구
①

2050년 우리나라 전체 인구
②

※정답: ①: 약 5100만 명(1021만×5) / ②: 약 4689만 명(521만×9)

한 뼘 더 상식 키우기

한국의 저출산 상황을 흑사병과 비유해 설명한 뉴욕타임스의 칼럼니스트 로스 다우서트는 한국의 저출산 원인으로 '학업 경쟁 문화'를 지목했어요. 그는 "부모와 학생을 고통으로 몰아넣는 독특하게 잔인한 한국식 학업 경쟁 문화로 인해 많은 부부가 아이 낳기를 꺼리고 있다"고 진단한 것이지요.

단어 설명
저출산 아기를 적게 낳는 현상
통계청 인구를 조사하는 등 통계와 관련된 각종 업무를 수행하는 행정기관
소비 필요한 물건을 사는 일

보여줄게~ 완전히 달라진~♬ 편의점!

[1] 값싼 도시락과 간식을 사는 공간인 편의점이 확 달라지는 모습이에요. 일부 GS25 편의점에 가면 금 자판기가 있는데, 자판기에서 **골드바**를 뽑을 수 있지요. 선물이나 투자 용도로 금을 찾는 고객들을 사로잡기 위해 편의점에서 골드바를 판매하는 것이지요.

[2] 젊은이와 관광객이 많이 찾는 서울의 홍대입구역 인근에 있는 CU홍대상상점. 이 편의점에는 마치 책이 차곡차곡 꽂힌 것처럼 라면이 한쪽 벽면에 빼곡하게 꽂힌 '라면 도서관'이 있어요. 취향에 따라 다양한 라면을 고른 뒤 바로 라면을 끓여 먹으며 라면이 잔뜩 꽂힌 독특한 공간을 배경으로 기념 촬영을 할 수도 있지요. 새로운 경험을 원하는 MZ세대를 겨냥하는 한편 K라면을 찾는 외국인들을 위해 이 같은 매장을 기획했지요.

[3] 부스에서 사진을 찍고 바로 **인화**하여 간직하는 것을 즐기는 문화가 10, 20대 사이에 유행 중이에요. 이런 트렌드를 반영해 이마트24의 일부 점포는 스마트폰과 연결해 사진을 바로 뽑을 수 있는 '프린팅박스' 기계를 설치했어요. 편의점이 사진관의 역할도 하고 있는 거예요. 편의점 입장에선 고객이 프린팅박스를 이용하기 위해 편의점을 찾았다가 제품을 구매하는 효과도 기대할 수 있어요.

 **키워드**

MZ세대

1980년대 초반~2000년대 초반에 출생한 밀레니얼(M) 세대와 1990년대 중반~2000년대 초반에 출생한 Z세대를 아울러 이르는 말이에요. MZ세대는 남과 다른 이색적인 경험을 추구하는 특징을 보여요. 특히 소셜 미디어 등 디지털 환경에서 강력한 영향력을 발휘하는데, 이에 많은 기업들이 MZ세대의 취향을 저격한 상품과 서비스를 내놓고 있어요.

 **상식 점검 퀴즈**

Q. '편의점'의 '편'은 '편하다'는 뜻의 한자 '便(편할 편)'이에요. 다음 단어에 포함된 '편'이 이 한자인 것을 골라보세요.

① 간편하다
② 편견
③ 편식

※정답: ①간편하다(便)*②한(偏치우칠 편의 뜻), 편견, 편파적인 (偏)자가 쓰임

 **한 뼘 더 상식 키우기**

편의점에는 수많은 경제 원리가 숨어있어요. 소비자가 진열대 앞에 섰을 때 눈에 가장 먼저 들어오는 높이에 주력 상품을 배치해요. 냉장고가 매장 안 깊숙한 곳에 있는 것은? 음료를 사려는 소비자를 최대한 매장 안쪽으로 유도해 다른 상품을 구경하게 하려는 전략! 껌이나 캐러멜 같은 상품을 계산대 주변에 배치한 것도 같은 의도예요. 계산을 하다가 달콤한 간식을 발견하고 충동적으로 집어 드는 소비 심리를 공략한 것이랍니다!

🔍 **단어 설명**

골드바 막대기 모양으로 만든 금
인화 사진을 종이에 나타나게 함

부자들아! 우리 사이는 점점 더 멀어지나봐 흑흑

[1] 부자들은 더 부자가 되고, 가난한 사람은 더 가난해지면서 **빈부격차**가 심해지고 있다는 보고서가 나왔어요. 국제기구 옥스팜(Oxfam)이 세계경제포럼(WEF)에서 발표한 보고서에 따르면 세계 5대 부자의 재산이 2020년 4050억 달러(약 538조 원)에서 2023년 8690억 달러(약 1155조 원)로 2배 이상 늘었어요. 하지만 같은 기간 전 세계 인구의 60%를 차지하는 빈곤층 50억 명의 재산은 줄었어요.

[2] 이런 상황 속 자신의 재산을 나누려는 부자들이 주목받아요. 독일의 석유화학회사 바스프(BASF)의 **상속인** 중 한 명인 마를레네 엥겔호른은 자신이 물려받은 2500만 유로(약 360억 원)를 기부하겠다고 밝혔어요. 스스로 노력해서 얻은 재산이 아니기 때문에 사회에 돌려주어야 한다면서 국민 토론단과 논의해 물려받은 돈을 어떻게 사용할지 결정하겠다고 했어요.

[3] 미국의 사업가 가운데에도 "노력에 비해 지나치게 많은 돈을 벌었다"며 전 재산을 기부한 인물이 있어요. 세계적 **면세점**인 듀티 프리 쇼퍼스(DFS) 창업자로, 2023년 10월 세상을 떠난 찰스 피니예요. 그는 살아있을 때 무려 80억 달러(약 10조6400억 원)에 달하는 재산을 기부했어요. 기부 문화가 자리 잡은 미국에서도 한 사람이 생전에 전 재산을 기부하는 것은 드물어요.

 **키워드**

세계경제포럼(WEF·다보스포럼)
1971년부터 매년 스위스의 다보스라는 도시에서 열리는 경제 회의. '다보스포럼'이라고도 불려요. 전 세계의 정치인을 비롯해 기업가, 경제학자 등이 참석해 세계 경제가 나아가야할 방향에 대해 논의하지요.

상식 점검 퀴즈

Q. 다음의 설명이 맞으면 O, 틀리면 X 표시하세요.

① '다보스포럼'은 매년 미국의 다보스에서 열리는 경제 회의다.   O / X

② 부모 등에게 재산을 물려받는 것을 '상속'이라 하고, 재산을 물려받은 사람을 '상속인'이라고 한다.   O / X

③ 미국엔 기부 문화가 자리 잡았지만 기업가가 살아있을 때 전 재산을 기부한 경우는 드물다.   O / X

※ 정답: ① X(미국이 아니라 스위스) ② O ③ O

한 뼘 더 생각 넓히기

빈부격차가 심해지자 부자들에게 더 많은 세금을 걷어 가난한 사람에게 돌려주자는 주장이 나와요. 반면 부자들에게 많은 세금을 물리면 기업의 경제 활동이 위축된다는 의견도 있습니다. 나는 어떤 의견에 동의하는지 써보아요.

 **단어 설명**

빈부격차 가난한 사람과 부자인 사람이 지닌 재산의 차이

상속인 재산을 물려받는 사람

면세점 세금이 면제된 상품을 파는 가게. 주로 국제공항이나 항만 출국장에 있음

10 비행기 사고로 사망할 확률, 2억분의 1이라지만…

[1] 지난 1월 일본의 도쿄 하네다공항에서 일본항공의 비행기가 **착륙**하는 과정에서 화재가 발생했어요. 그러나 다행히도 이 비행기에 탑승했던 승객과 승무원 379명 모두가 무사히 탈출하는 데 성공

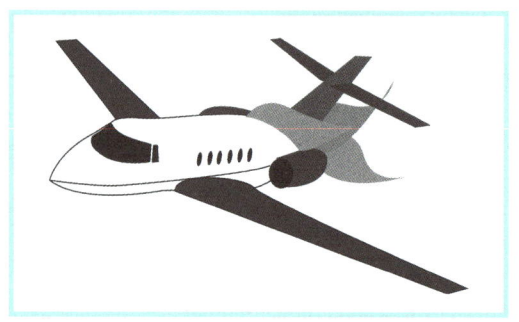

했지요. 일본항공 승무원들의 능숙한 대처와 승객들의 적극적인 협조를 바탕으로 모두가 빠르게 현장에서 빠져나온 것이 **인명 피해**를 막은 비결로 꼽혀요.

[2] 항공업계는 일반적으로 긴급한 상황이 발생하면 90초 이내에 모든 탑승자를 **기내**에서 탈출시키도록 규정하고 있어요. 이른바 '90초 룰'이라고 하지요. 이번 사고에서도 일본항공의 승무원들은 이 규칙에 따라 승객들을 최대한 빠르게 대피시켰어요. 비록 90초는 넘겼지만 승객과 승무원이 모두 빠져나오는 데에는 5분밖에 걸리지 않은 것으로 전해져요.

[3] 당시 **급박한** 사고 현장에서 일본항공의 승무원들은 짐을 꺼내려고 하는 승객들에게 "짐을 버리고 몸만 탈출하라"고 반복하여 소리쳤어요. 한 승객이 짐을 꺼내면 나머지 승객도 짐을 꺼내려고 하면서 시간이 지체되기 때문에 긴급 상황에서는 여행용 캐리어 등 짐을 절대로 꺼내서는 안 됩니다. 꺼낸 짐이 이동통로를 막으면서 승객들이 넘어져 다치는 문제도 발생할 수 있어요.

키워드

90초 룰

기체 충돌이나 화재 같은 비상 상황에서 모든 승객이 90초 이내에 대피할 수 있도록 준비해야 한다는 규정. 미국 연방항공국(FAA)이 1967년 모든 항공기 제조업체에 요구한 요건으로, 항공사들 또한 해당 룰을 안전 매뉴얼로 삼고 있어요.

상식 점검 퀴즈

Q. 비행기 사고가 났을 때 승무원이 승객들에게 "짐을 버리고 몸만 탈출하라"고 지시하는 이유로 적절하지 <u>않은</u> 것을 고르세요.

① 한 승객이 짐을 꺼내면 다른 승객도 짐을 꺼내려고 하면서 탈출이 늦어지기 때문에

② 꺼낸 짐이 이동통로를 막으면서 승객들이 넘어져 다칠 수 있기 때문에

③ 짐을 꺼내지 않아야 비행기 날개의 좌우 균형을 맞출 수 있기 때문에

※정답: ③

한 뼘 더 상식 키우기

비행기 사고는 극히 드물어서 비행기를 타는 게 걸어 다니는 것보다 안전하다는 말도 있어요. 비행기 사고로 숨질 확률은 자동차 사고로 숨질 확률의 65분의 1, 상업용 비행기 사고로 사망할 확률은 2억 명당 1명꼴에 불과하지요. 하지만 한번 사고가 나면 대규모 인명 피해로 이어질 수 있기 때문에 '90초 룰'과 같은 규정이 생겨난 것이랍니다.

단어 설명

착륙 비행기가 공중에서 활주로에 내림

인명 피해 자연재해나 사고로 사람이 생명을 잃는 피해

기내 비행기의 안

급박하다 조금도 여유가 없이 매우 급하다

11 사장님, 일회용품 규제가 많이 힘드셨죠?

[1] 정부가 식당과 카페 등에서 **일회용** 종이컵을 사용하는 것을 금지하지 않기로 했어요. 뿐만 아니라 플라스틱 빨대와 비닐 봉투도 원래대로 계속 사용할 수 있게 허가한다고 정부는 지난 2023년 11월 발표했지요. 그간 식당과 카페 등을 대상으로 했던 **규제**를 사실상 백지화한 것이에요.

[2] 플라스틱 쓰레기가 환경을 오염시킨다는 지적이 끊이지 않는데 정부는 왜 일회

용품 사용을 규제하기는커녕 오히려 허가하는 것일까요. 자영업자들을 고려한 조치예요. 종이 빨대는 플라스틱 빨대에 비해 가격이 비싸요. 자영업자들은 "플라스틱 빨대 사용을 금지할 경우 빨대 구입에 지나치게 많은 비용이 든다"고 지적했지요. 또 카페에서 **다회용** 컵을 사용할 경우 컵을 세척하기 위해 직원을 새로 뽑거나 기계를 설치해야 되는데, 이것이 모두 비용 부담으로 이어진다는 것이지요.

[3] 하지만 환경을 보호하기 위해 일회용 컵이나 플라스틱 빨대 등을 규제해야 한다는 주장도 만만치 않아요. 실제로 매년 우리나라에서는 일회용 컵으로 인한 쓰레기만 300억 개 가까이 쏟아지고 있어요. 유럽에서는 일회용 플라스틱의 사용을 금지하고 있는데 우리나라는 오히려 일회용품 규제를 느슨하게 하는 것은 세계적 **추세**에도 어긋난다는 지적도 나와요.

 **키워드**

자영업자
이익을 창출하기 위한 목적으로 자신의 사업을 하는 사업자를 가리키는 말이에요. 회사 등을 세워서 집단으로 활동하는 기업과는 달리 작은 규모의 사업체를 세워 스스로의 힘으로 사업을 하지요. 우리나라에선 음식점이나 숙박업 등에서 자영업자가 많아요.

상식 점검 퀴즈

Q. 윗글에서 쓰인 '백지화하다'의 뜻으로 가장 적절한 것을 고르세요.

① 아무것도 없었던 상태나 원래의 상태로 되돌리다

② 목적을 향해 계속 진행하다

③ 뒤떨어지거나 못하게 되다

④ 발전하지 못하고 약해지다

※정답: ①

한 뼘 더 생각 넓히기

자영업자의 경제적 부담을 고려해 일회용 종이컵과 플라스틱 빨대를 사용하게 해야 한다는 의견이 있는 반면 이번 조치가 환경보호에 좋지 않다는 의견도 있지요. 나는 어떤 의견에 동의하는지 써보아요.

단어 설명

일회용 한 번만 쓰고 버림

규제 규칙이나 규정에 의해 일정한 한도를 정함

다회용 여러 번 쓰고 버림

추세 현상이 일정한 방향으로 나아가는 경향

12 스마트폰 사용을 '다이어트' 하자!

[1] 스마트폰 게임이나 소셜 미디어에 **중독**되다시피 한 현대인이 많아졌어요. 이에 스마트폰을 비롯해 태블릿PC, 노트북 같은 디지털 기기의 사용을 잠시 중단하  는 '디지털 디톡스'가 관심을 끌고 있어요. 디톡스(detox)는 '독을 **해소**하다' 는 뜻을 가진 영어 단어. 디지털 디톡스는 디지털 기기 사용을 잠시 중단하고 대신 독서나 운동을 하며 마음과 몸을 가다듬는 시간을 갖는 것을 말해요.

[2] 우리나라에선 소셜네트워크서비스(SNS)를 중심으로 스마트폰을 일정 시간동안 사용하지 않고 지낸 경험을 공유하는 것이 유행처럼 번지기도 했어요. 스마트폰을 넣으면 이용자가 설정한 시간 동안 열리지 않는 상자도 등장했어요. 단, 스마트폰 사용을 지나치게 제한하면 스트레스를 받을 수도 있기에 잠금 상자는 적절히 활용해야 한다는 의견도 있어요.

[3] 미국의 어린이들 사이에서도 스마트폰의 사용을 제한하는 것이 마치 놀이처럼 퍼졌어요. 2023년 말에는 미국에서 '잠금 주머니'라 불리는 납작한 천 주머니가 **불티나게** 팔렸다는 보도가 나왔어요. 이 주머니에 스마트폰을 한 번 넣으면 꺼내는 것이 불편하기 때문에 스마트폰 사용을 스스로 제한하기 어려운 어린이들이 이용 시간을 조절하는 데 활용하고 있지요.

 **키워드**

디지털 디톡스(Digital Detox)
일정한 기간 동안 디지털 기기 사용을 중단하고 휴식·독서·운동을 하는 것을 가리키는 말이에요. 스마트폰의 등장 이후 현대인들의 디지털 중독에 대한 우려가 커지며 등장한 방법이지요. 구글이나 애플 같은 세계적인 정보기술(IT) 기업들도 이런 사회 분위기에 동참하면서 그들이 만드는 서비스나 제품에 이런 기능을 도입하려 노력하고 있어요.

상식 점검 퀴즈

Q. 다음 예시 문장의 밑줄 친 표현 대신 쓸 수 있는 말로 가장 적절한 것을 고르세요.

> 세계 최고의 축구스타가 모델로 나선 그 축구화는 <u>불티나게</u> 팔리고 있다.

① 불편하게

② 날개 돋친 듯

③ 내로라하게

※정답: ②('날개 돋친 듯'은 상품이 인기가 있어 빠르게 팔리는 것)

한 뼘 더 생각 넓히기

미국에서 유행 중인 스마트폰 '잠금 주머니'처럼 스마트폰을 못 쓰게 막는다고 해서 문제가 사라지는 것은 아니라는 의견도 있어요. 나의 스마트폰 사용량을 돌이켜보고 적절한 스마트폰 사용 시간은 어느 정도로 해야 할지 고민해보아요.

단어 설명

중독 어떤 것이 없이는 견디지 못하는 상태

해소 어려운 일, 문제를 해결하여 없애 버림

불티나다 물건이 내놓기가 무섭게 빨리 팔리거나 없어지다

식용 개를 사육하는 '뜬장'을 아시나요?

[1] 과거 우리나라에선 개고기를 먹기도 했지만 앞으로는 개를 **식용** 목적으로 키우거나 죽이면 처벌 받게 됐어요. 2024년 1월 국회 **본회의**에서 개를 식용 목적으로 키우거나 **도살**하는 것을 금지하는 법이 통과됐어요. 이 법에 따르면 식용을 목적으로 개를 도살하면 3년 이하의 **징역** 또는 3000만 원 이하의 벌금에 처해져요.

[2] 이 같은 결정은 개에 대한 사회적 인식이 바뀌어가는 가운데 나왔어요. 최근 젊은 세대 사이에서는 개를 반려동물을 넘어 마치 가족 구성원처럼 여기는 분위기가 퍼지고 있어요. 개는 소, 돼지, 닭과 같은 가축과는 다른, 특별한 존재라고 생각하는 것이지요. 실제로 젊은이들 중 **보신**에 도움이 된다는 이유로 개고기를 먹는 사람들은 매우 드물어요.

[3] 동물자유연대는 "개를 식용으로 활용하는 것은 나쁜 습관"이라며 "개를 먹지 않으면 개뿐 아니라 다른 동물의 복지를 끌어올리는 데도 도움이 될 것"이라고 환영했지요. 그동안 식용으로 길러지는 개는 '뜬장'이라고 불리는 철창에 갇혀 생활하는 등 열악한 환경에 처해있다는 지적이 끊이지 않았어요. 뜬장은 개들의 배설물을 처리하기 쉽도록 공중에 떠 있게 설치된 사육장을 말해요. 개 식용 금지법의 통과로 이 같은 **관행**도 사라질 것으로 기대됩니다.

 키워드

반려동물

사람이 마치 가족처럼 정서적으로 의지하기 위해 가까이 두고 기르는 동물을 말해요. 개를 포함해 고양이, 새 등이 반려동물에 해당하지요. 애완동물이라는 기존의 단어는 동물을 장난감처럼 취급한 결과라는 지적이 잇따르자 반려동물이라는 표현이 생겨났어요.

상식 점검 퀴즈

Q. 윗글을 읽고 보일 반응으로 적절하지 <u>않은</u> 것을 아래에서 고르세요.

① 개 식용 금지법이 국회 본회의에서 통과됐군.

② 개를 보신용으로 먹는 문화는 주로 젊은이들 사이에서 유행하고 있어.

③ 식용을 목적으로 기르는 개는 열악한 환경에서 생활해왔구나.

※정답: ②

한 뼘 더 상식 키우기

해외에서도 이번 결정에 주목했는데요. 미국 일간 뉴욕타임스는 "6·25전쟁 이후 한국은 가난했기 때문에 고기가 부족해 개를 먹는 문화가 퍼지게 됐다"면서 "하지만 동물복지에 대한 인식이 퍼지며 개를 먹는 문화가 사라졌다"고 보도했어요.

단어 설명

식용 먹을 것으로 씀. 또는 그런 물건

본회의 국회의 의사를 최종적으로 결정하는 회의

도살 짐승을 죽임

징역 죄인을 교도소에 가두는 벌

보신 몸의 영양을 보충함

관행 오래 전부터 해오는 대로 함

14 '아름다움'은 무지개 빛깔처럼 다채롭단다

[1] 우리나라를 비롯한 전 세계에서는 매년 각종 미인대회가 열려요. 잘생긴 남성을 뽑는 대회는 없는데 여성의 외모를 평가하는 대회만 열린다는 점에서 미인대회는 **시대착오적**이라는 비판을 받기도 해요. 이 같은 지적을 받아들여 미인대회가 우승자를 뽑는 기준이 변화하는 모습이에요.

[2] 프랑스의 미인 대회인 '2024 미스 프랑스'에서 어깨에 닿지 않는 짧은 머리 스타일의 참가자가 최종 우승을 차지해 화제를 모았어요. 이 대회에서 긴 머리를 가지지 않은 참가자가 우승한 것은 이번이 처음이지요. 아직까지 길고 찰랑거리는 머리카락을 가진 여성이 아름답다고 여겨지는 **경향**이 있는데 짧은 머리를 가진 참가자를 우승자로 선정한 것은 **주최** 측의 파격적인 결정이었지요.

[3] 각 나라의 대표 미인들이 참가하는 국제 미인대회인 '미스 유니버스'는 결혼을 하지 않은 20대의 여성만이 참가할 수 있다는 규정을 없앴어요. 이 같은 변화에 따라 각 나라에서도 규정이 바뀌게 되었어요. 남미의 나라 베네수엘라에서는 자녀가 있는 여성 참가자가 2023년 대회에서 우승을 차지하기도 했어요.

 키워드

미스 유니버스

1952년부터 개최되어 오고 있는 세계 최고 권위의 미인대회예요. 각국의 미인대회에서 수상한 인물들이 이 대회에 참가해 '미인대회 올림픽'이라고도 불리지요. 미인대회가 시대착오적이라는 비판이 이어짐에 따라 최근에는 과거에 비해 주목도가 떨어지고 있어요.

상식 점검 퀴즈

Q. 세계 각국에서 열리는 미인대회에 대해 다음과 같은 지적이 일고 있어요. 이 지적을 받아들여 변화한 사례가 <U>아닌</U> 것을 고르세요.

> 미인대회는 여성의 외모를 평가하면서 고정된 아름다움만을 강요하고 있습니다. 각국의 미인대회의 우승자들은 모두 긴 머리의 참가자들이에요. 게다가 모두 결혼을 하지 않은 '미혼' 여성이지요.

① 어깨에 닿지 않는 헤어스타일의 참가자를 우승자로 선발한 미인대회 A

② 자녀를 둔 '엄마' 참가자를 우승자로 선발한 미인대회 B

③ 20대 초반의 참가자를 우승자로 선발한 미인대회 C

※ 정답: ③

 한 뼘 더 상식 키우기

2022년 열린 영국의 미인대회 '미스 잉글랜드'에선 역사상 처음으로 화장기 없는 얼굴의 '민낯' 참가자가 결선에 진출해 화제를 모았어요. 그는 "굳이 화장으로 얼굴을 뒤덮을 필요는 없다고 생각한다. 있는 그대로의 내가 가장 예쁘다"고 말했답니다.

단어 설명

시대착오적 낡은 생각으로 새로운 시대에 적응하지 못하는 성질을 띤(것)

경향 현상, 사상, 행동이 어떤 방향으로 기울어짐

주최 행사, 모임을 기획하여 엶

15 어려운 수학 과목 없애면 출산율 높아질까요?

[1] 저출산이 우리 사회의 문제로 떠오르면서 이를 해결하기 위한 여러 방안이 논의되고 있어요. 그 중 하나로 **사교육비** 부담을 낮추는 것이 꼽혀요. 정부는 사교육비를 낮추기 위한 정책을 마련하면 젊은 부부들이 지금보다 아기를 더 많이 낳을 것이라고 보고 있어요. **입시** 제도를 바꿔 사교육비 부담을 낮추겠다는 계획이지요.

[2] 정부는 2028학년도 입시부터 대학수학능력시험(수능)에서 선택 과목을 없애겠다고 밝혔어요. 2028학년도부터는 문·이과의 구분 없이 모든 학생들이 같은 수능 시험을 치게 되는 것이지요. 특히 수학에서 '미적분Ⅱ' '기하'와 같은 어려운 선택 과목이 사라지게 돼요. 현재 문과에서 배우는 수준의 수학 시험만 준비하면 되지요.

[3] 어려운 과목이 사라지면 학교 수업을 듣는 것과 별개로 과외를 받거나 학원에 가는 학생들이 줄어들게 될 것이라고 정부는 기대해요. 사교육에 대한 **수요**가 줄면 사교육비가 저렴해지고 당연히 부모들의 부담도 줄어들겠지요. 하지만 2024년 1월, 정부는 자율형사립고, 외국어고, 국제고 등 **특목고**는 폐지하지 않기로 결정했는데, 특목고에 진학하기 위한 사교육 수요는 늘어날 것이라는 주장이 나오는 상황이에요.

 **키워드**

저출산

아기를 적게 낳는 현상을 말해요. 우리나라의 저출산은 심각한 수준이에요. 2023년 3분기(7~9월) 기준 우리나라의 합계출산율(여성 한 명이 낳을 것으로 예상되는 평균 출생아 수)은 0.7명으로 1명에 미치지 못해요. 이대로 가면 노인 인구의 비율이 지나치게 높아져 우리나라의 사회·경제적 활력이 떨어질 것으로 예상돼요.

 **상식 점검 퀴즈**

Q. '저출산'이라는 결과를 낳은 원인과 해결 방안을 정부의 입장에서 정리해봅시다. 다음 표의 빈칸에 들어갈 말을 써보세요.

원인	결과	해결 방안
젊은 부부들의 □□□□ 부담이 심함	아기를 낳지 않게 되면서 저출산이 심해짐	○○ 제도를 바꿔 사교육비 부담을 낮춰 저출산 위기를 극복함

※정답: 사교육비, 입시

한 뼘 더 상식 키우기

현재 대학수학능력시험(수능)에서 인문계열 진학을 희망하는 수험생은 주로 사회탐구 과목을, 자연계열 진학을 희망하는 수험생은 주로 과학탐구 과목을 선택하는 방식으로 시험이 치러져요. 하지만 2028학년도부터는 이런 구분 없이 선택 과목이 사라져 의대 진학을 희망하든, 국어국문학과를 희망하든 모든 수험생이 똑같은 문제지를 풀게된답니다.

단어 설명

사교육비 나라가 실시하는 공교육 외에 추가적으로 교육을 받기 위해 지출하는 모든 비용
입시 입학생을 뽑기 위해 지원자들에게 치르게 하는 시험
수요 물건, 서비스를 일정한 가격으로 사려고 하는 욕구
특목고 특정한 과목에 우수한 학생을 뽑아 기르는 것을 목적으로 하는 고등학교

16 연필로 필기할래요? 태블릿에 타이핑할래요?

[1] 디지털 기기를 사용하는 것이 학습에 도움이 되지 않을 수도 있다는 분석이 나왔어요. 한국교육학술정보원에 따르면 수업 중 노트북을 비롯한 디지털 기기를 활용하는 시간이 길수록 학생들의 수학 성적이 떨어지는 것으로 나타났어요.

디지털 기기 사용 시간이 1시간 늘수록 수학 점수가 3점씩 떨어지는 등 디지털 기기 의존도가 수학 성적과 관계있었지요. 정부가 2025년부터 인공지능(AI) 디지털 교과서를 단계적으로 도입한다는 계획을 발표한 상황에서 이런 연구결과가 나와 우려돼요.

[2] 디지털 기기가 학습에 도움이 되지 않는다는 생각에 종이책을 사용하는 시간을 늘리는 나라도 있어요. 스웨덴에서는 많은 학교가 종이책을 통한 수업과 독서, 그리고 손으로 글씨쓰기의 중요성을 강조하고 있어요. 반면 학생들에게 태블릿PC와 노트북을 활용해 온라인에 접속하며 학습하는 시간은 점점 줄이라고 하지요. 디지털 기기를 통한 학습이 학생들의 문해력을 떨어뜨린다는 지적에 따른 것이에요.

[3] 실제로 노트북의 키보드를 치며 공부하는 것보다 손으로 글씨를 쓰는 것이 기억력을 높이는 데 훨씬 도움이 된다는 연구결과도 나왔어요. 노르웨이 과학기술대(NTNU) 연구진은 손으로 글씨를 쓰면 학습의 효과가 높아진다고 국제학술지를 통해 발표했어요.

키워드
디지털 교과서

책 형태의 기존 교과서 내용에 각종 영상 자료, 실감형 콘텐츠 등 추가적인 학습 자료가 실리는 교과서를 말해요. 태블릿PC와 같은 디지털 기기를 통해 구현되지요. 정부는 2025년부터 인공지능(AI) 디지털 교과서를 학교에 도입하겠다고 발표했어요. 학생에게 맞춤형 교육을 제공하면서 첨단 기술을 일찍 접할 기회를 제공한다는 장점이 있지만 학생들이 디지털 기기에 과도하게 몰입하게 만들어 문해력, 주의력이 떨어질 수 있다는 우려도 있어요.

상식 점검 퀴즈

Q. 다음의 설명이 맞으면 O, 틀리면 X 표시하세요.

① 우리나라 정부는 종이책을 활용하는 시간을 늘리고 있다. **O / X**

② 우리나라 학교에선 2025년부터 인공지능(AI) 디지털 교과서가 도입된다. **O / X**

③ 손으로 글씨를 쓰는 것에 비해 키보드를 치는 것이 더 오래 기억에 남는다. **O / X**

※정답: ① X ② O ③ X (손으로 기억하거나 이해하기 때문)

한 뼘 더 생각 넓히기

디지털 기기 사용을 최소화하고 종이책을 폭넓게 활용하는 스웨덴 학교의 시도에 대해 학생들의 문해력과 집중력을 향상시킬 수 있는 방법이라고 환영한다는 입장이 있지만 시대의 흐름을 거스르는 시도라는 주장도 있어요. 나는 어떤 의견에 동의하는지 써보아요.

단어 설명
의존도 다른 것에 의지해 생활하는 정도
문해력 글을 읽고 이해하는 능력

의사선생님! 화상 통화로 진료해주세요

[1] 코로나19가 크게 유행했을 당시 우리나라에서 **비대면** 진료가 허용되었어요. 비대면 진료는 환자가 직접 병원에 가지 않고 전화나 화상 채팅 등을 통해 의사에게 어디가 아픈지를 말한 뒤 상담을 받고 약을 **처방**받는 방식을 말해요.

[2] 2023년 12월부터 정부는 비대면 진료 시범사업을 확대 추진하고 있어요. 비대면 진료를 받기를 원하는 사람들이 많아지자 정부는 최근 6개월 이내에 대면 진료를 받은 경험이 있는 환자는 질병 종류에 관계없이 비대면으로 진료를 받을 수 있게 하는 것이지요. 그리고 주말과 공휴일, 평일 밤 시간대에는 대면 진료를 받은 적이 없는 병원에서도 비대면 진료를 받을 수 있게 됐어요. 기존에는 소아·청소년만 가능했지만 전체 국민으로 그 범위가 넓어졌지요.

[3] 비대면 진료는 근처에 병원이 많지 않거나 아예 없는 지역에 사는 사람들에게는 유용한 제도이지만 걱정의 목소리도 나와요. 의사가 비대면으로 진료하면 대면할 때보다 환자의 상태를 정확하게 파악하기 어렵다는 것이지요. 이에 "비대면 진료는 환자의 병을 고치는 데 큰 도움이 되지 않으며 결국 환자의 **건강권**을 **침해**할 것"이라는 주장이 나와요.

키워드

건강권

인간의 기본권 중 하나로 생명과 건강을 지키기 위해 최적의 환경을 누릴 수 있는 권리를 의미해요. 우리나라의 최고 법인 헌법에서도 국민의 건강권을 포괄적으로 보장하고 있지요. 이에 따라 국민은 자신의 건강권이 침해받지 않도록 국가에 요구할 수 있어요.

상식 점검 퀴즈

Q. 다음 빈칸에 들어갈 말을 써보세요.

① 환자가 병원에 직접 가지 않고 전화나 화상 통화로 의사의 진료를 받는 것을 □□□ 진료라고 한다.

② 병원에서 의사의 진료를 받은 뒤 ○○받은 내용을 약국에 제출하면 약사는 약을 지어 환자에게 건네준다.

※정답: ① 비대면 ② 처방

한 뼘 더 생각 넓히기

비대면 진료는 이동하는 데 불편함이 있는 장애인이나 노인, 아기 등의 환자가 빠르게 치료받는 데 도움이 된다는 의견이 있는 반면 의사가 환자의 상태를 직접 눈으로 볼 수 없어 잘못된 판단을 할 가능성이 있다는 의견도 있어요. 나는 어떤 의견에 동의하는지 써보아요.

단어 설명

비대면 서로 얼굴을 마주 보고 대하지 않음
처방 병을 치료하기 위해 증상에 따라 약을 짓는 것
건강권 건강을 유지하기 위해 최적의 환경을 누릴 수 있는 권리
침해 침범하여 해를 끼침

18 저는 이 회사의 CEO로 있는 인공지능입니다

[1] 2023년에 미국의 오픈AI가 개발한 채팅 로봇인 '챗GPT'가 세계적으로 인기를 끌었어요. 수준 높은 답변을 내놓는 챗GPT가 공개된 이후 많은 사람들이 깜짝 놀랐어요. 챗GPT는 시나 소설 등 문학 작품을 쓰는 것은 물론이고 논문이나 판결문을 작성하기도 해서 인간의 일자리를 대체할 것이라는 경고가 나오기도 했어요.

[2] 2023년 챗GPT는 정치인을 대신하여 법을 만들기도 했어요. 남미의 나라인 브라질에서 AI가 만든 조례가 지방의 의회에서 통과된 것이지요. 원래 조례를 만드는 것은 시의원이 하는 일. 챗GPT는 불과 몇 초 만에 조례의 초안을 만들어냈어요. 그리고 AI는 시의원이 만든 조례의 한계를 지적하고 개선책을 내놓기도 한 것으로 전해져요.

[3] 폴란드에서는 AI가 '딕타도르'라는 기업의 최고경영자(CEO)로 임명됐어요. '미카'라는 이름을 가진 이 AI CEO는 사람과는 달리 24시간 365일 일할 수 있다고 딕타도르는 설명했지요. 미카는 주로 데이터 분석을 하는 일을 하게 될 것으로 보여요. 하지만 일부 직원들은 "AI가 최고경영자인 회사에서 일하는 것이 반갑지 않다"는 반응을 보이기도 해요.

키워드

챗GPT

미국의 오픈AI가 2022년 12월 공개한 인공지능(AI) 채팅 로봇. 사람과 일상적인 대화를 할 수 있는 것은 물론이고 소설이나 시를 작성할 수 있어요. 뿐만 아니라 언어 번역과 수학 문제풀이, 학술적 논문(연구결과를 체계적으로 적은 글) 작성 같은 기능도 수행할 수 있어 혁신적이라는 평가를 받아요.

상식 점검 퀴즈

Q. 다음 중 AI의 활동 영역에 대한 설명으로 적절하지 않은 것을 고르세요.

① 시나 소설 등 문학 작품을 창작하고 있다.

② 선거에 후보로 나서 사람들을 대표하는 자리에 오르기도 한다.

③ 정치인을 대신해 법의 초안을 작성한다.

④ 한 기업의 최고경영자(CEO)로 임명돼 활동한다.

※ 정답: ②

한 뼘 더 생각 넓히기

법은 국민이 투표로 뽑은 대표자들이 치열하게 토론한 끝에 만들어져요. 법을 만드는 과정에 AI가 참여하는 것이 적절할까요? 이에 대한 자신의 생각을 써보아요.

단어 설명

조례 지방자치단체(우리나라의 경우 특별시, 광역시, 도, 시, 군과 같은 곳)가 만드는 법

시의원 시 의회의 의원

초안 처음 작성한 글

19 친구 따라~ 인플루언서 따라~ 나도 사볼까?

[1] '스탠리'라는 브랜드의 **텀블러**가 미국의 **Z세대**를 중심으로 큰 인기를 끌고 있어요. 스탠리는 1913년 세워진 캠핑용품 기업으로, 원래 이 브랜드 제품을 구매하는 것은 주로 남성이었어요. 그런데 최근 미국에서는 10, 20대 중에서도 특히 여성들을 중심으로 이 브랜드 제품이 **각광**을 받고 있지요.

[2] 스탠리 텀블러를 유행시킨 것은 틱톡이라는 소셜 미디어에 올라온 한 게시물이에요. 자동차에서 화재가 발생해 모든 것이 불탔음에도 스탠리 텀블러만 무사하게 남아있고, 그 안에 얼음까지 녹지 않고 그대로 있는 모습을 한 이용자가 영상으로 촬영해 틱톡에 공개했어요. 이 동영상이 9억 회 넘게 조회되면서 스탠리 텀블러가 덩달아 큰 인기를 얻게 된 것이지요.

[3] 스탠리 텀블러의 유행은 젊은층이 '디토 소비'를 추구하는 경향이 있기 때문이에요. 디토(Ditto)는 '나도 마찬가지다'라는 뜻을 가진 단어. 디토 소비는 **인플루언서** 등을 따라서 제품을 소비하거나 인기를 끄는 콘텐츠에 나왔던 상품을 그대로 따라 구매하는 것을 의미해요. 다양한 제품이 끊임없이 새롭게 출시되는 가운데 '무엇이 나에게 맞는 상품인지'를 크게 고민하지 않고 빠르고 간편하게 고르는 경향을 가리키지요.

 키워드

인플루언서(influencer)

소셜네트워크서비스(SNS)에서 수많은 구독자를 거느리며 사람들에게 영향을 주는 이들을 가리키는 용어예요. 인플루언서들은 기업과 협업해 SNS상에서 특정 제품을 홍보하고 때론 직접 판매하면서 큰 수익을 거두기도 해요. 영국 일간 가디언에 따르면 짧은 동영상을 공유하는 플랫폼인 틱톡 사용자 중 55%가 인플루언서가 홍보하는 제품을 본 후 실제로 구매했다고 해요.

 상식 점검 퀴즈

Q. 미국의 Z세대를 중심으로 스탠리 텀블러가 인기를 끄는 이유로 가장 적절한 것을 골라보세요.

① 역사가 오래된 캠핑용품 기업에서 만든 텀블러이기 때문

② 남성들을 중심으로 큰 인기를 끈 제품이기 때문

③ 온라인 동영상 플랫폼 '틱톡'에서 크게 화제가 된 영상에 등장했기 때문

※정답: ③

한 뼘 더 상식 키우기

'디토 소비'에는 자신의 소비가 실패한 소비가 될까봐 두려워하는 마음도 반영됐다는 분석이 있어요. 수많은 사람들이 구매한 제품이라면 그럴만한 이유가 있다고 생각해서 그저 남들을 따라 소비한다는 것. 다른 사람들의 소비 트렌드를 지나치게 좇다 보면 나에게 필요하지 않은 제품도 구매해 과소비를 하게 될 수 있으니 주의해야겠죠?

단어 설명

텀블러 주로 손잡이가 없고 길쭉한 형태를 가지고 있는 컵

Z세대 1996~2010년 태어난 세대

각광 많은 사람들의 관심이나 흥미, 인기

인플루언서 소셜 미디어에서 많은 구독자를 보유해 영향력을 가진 사람

20 특명: '쌀' 가격을 끌어올려라!

[1] 우리나라의 1인당 쌀 **소비량**이 매년 떨어지고 있어요. 2022년 기준 1인당 연간 쌀 소비량은 56.7kg. 30년 전인 1992년의 소비량(112.9kg)과 비교하면 절반 수준으로 줄어들었어요. 상황이 이렇다 보니 쌀 소비량보다 **생산량**이 많아지는 현상이 나타나 **농가**는 어려움을 겪고 있어요. 이에 정부는 '공공비축제도' 같은 방법을 활용해 쌀을 사들여 쌀 가격이 큰 폭으로 떨어지지 않도록 관리하고 있어요.

[2] 현대인의 쌀 소비량이 감소한 원인으로는 **식습관**이 크게 바뀐 것이 꼽혀요. 과거에는 쌀밥을 주로 먹었지만 요즘에는 밀가루로 만든 빵이나 국수, 파스타도 밥 대신 먹으면서 쌀 소비량이 줄어든 것. 변화한 식습관을 반영하면서도 쌀 소비량을 늘리기 위한 방안으로 '가루쌀'이 주목 받아요. 가루쌀은 일반 쌀과는 달리 물에 불리지 않고 밀처럼 바로 빻아서 가루로 만들 수 있는 쌀.

[3] 가루쌀을 활용하면 앞으로는 쌀로 만든 라면도 쉽게 맛볼 수 있을 것으로 기대돼요. 농촌진흥청은 밀가루 대신 가루쌀을 일부 섞어도 밀가루가 100% 쓰인 라면과 품질 면에서 큰 차이를 보이지 않는다는 사실을 밝혀냈어요. 라면을 만들 때 가루쌀을 활용하면 7.7만t(톤)의 밀가루를 쌀가루로 대체할 수 있지요.

 **키워드**

공공비축제도

정부가 일정 분량의 쌀을 사들이는 제도예요. 전쟁이나 흉년(예년에 비해 농작이 잘 되지 못한 해) 같은 상황이 벌어졌을 때 쌀이 모자라는 문제를 막기 위해 정부가 쌀을 비축(만일의 경우를 대비해 미리 모아둠)하는 제도로 2005년부터 시행되기 시작했지요. 식습관의 변화로 다른 물건의 가격은 높아지는데 반해 쌀값은 크게 떨어지자 정부는 쌀의 가격을 안정시키기 위해 쌀을 사들이기도 했어요. 시장에서 거래되는 쌀의 양을 줄여 쌀 가격을 높이기 위함이에요.

상식 점검 퀴즈

Q. 다음 빈칸에 들어갈 말을 올바르게 묶은 것을 고르세요.

> A라는 물건의 생산량이 소비량보다 많으면 가격은 ☐☐☐☐. 이때 사람들이 물건 A를 많이 사들여 시장에서 판매되는 A의 양이 소비량보다 적어지면 가격은 ○○○○.

① 내려간다 / 올라간다

② 올라간다 / 내려간다

※정답: ①

한 뼘 더 생각 넓히기

가루쌀을 라면 생산에 활용하는 것처럼 쌀 소비를 넓히기 위해 또 어떤 음식을 가루쌀로 만들 수 있을까요? 우리가 흔히 먹는 음식 중 쌀 대신 밀을 활용하는 음식을 떠올려보세요.

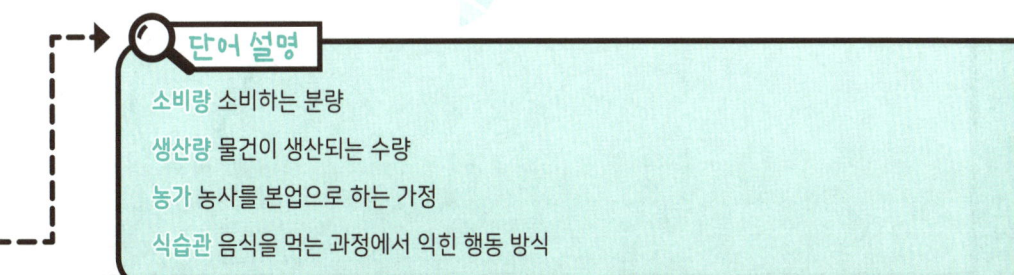

단어 설명
- **소비량** 소비하는 분량
- **생산량** 물건이 생산되는 수량
- **농가** 농사를 본업으로 하는 가정
- **식습관** 음식을 먹는 과정에서 익힌 행동 방식

CHAPTER

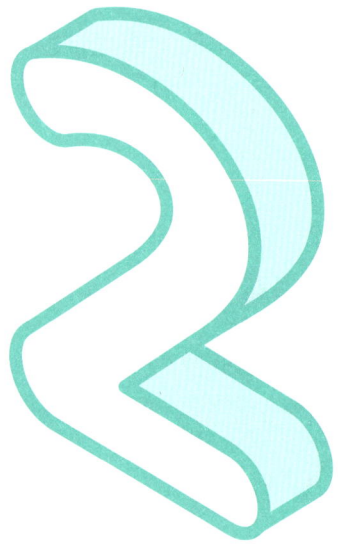

세계 | 국제

21. 꽉 막힌 이 도로를 어찌할꼬…

22. 내 사랑 푸바오~ 꼭 떠나야만 하니?ㅠㅠ

23. 달로 향할 나라들, 여기여기 모여라~♪

24. 두둥실~ 풍선을 높이 더 높이

25. 러시아 위협 막아줄 우산에 쏙 들어가 볼까?

26. 맥도널드 있는 나라끼리는 사이좋게 지냅시다!

27. 무모한 도전은 참아주길 바랍니다

28. 빵 냄새 뒤덮은 총성은 언제 끝날까요?

29. 석유 팔아 돈 버는 나라에서 벗어나려고요

30. 세계 정상들도 맛집 탐방 고고!

31. 소 잃기 전에 미리미리 외양간 고쳤다면

32. 손대면 뻥 하고 터질 것만 같은 중동 화약고

33. 이만하면 왕관 쓸 자격 있죠?

34. 이토록 낭만적인 올림픽 보셨나요?

35. 인도인들에겐 뭔가 특별한 게 있다니까!

36. 저는 15개 나라의 국가원수를 지내고 있습니다

37. 정말 극단적인 방법만이 최선입니까?

38. 중국에겐 눈엣가시, 미국에겐 눈에 넣어도 안 아픈…

39. 지구촌 인구 4명 중 1명이 아프리카인? 곧 옵니다!

40. 프랑스 식탁을 책임지는 '겉바속촉'의 원조

꽉 막힌 이 도로를 어찌할꼬...

[1] 세계 대도시 대부분은 **교통 체증**을 비롯해 각종 교통수단에 따른 문제가 빚어져요. 미국 동부의 주요 도시인 뉴욕은 교통 체증이 너무 심각하다보니 **통행료**를 걷어 자동차의 수를 줄이겠다고 밝혔어요.

뉴욕의 자치구 가운데 인구 **밀도**가 가장 높은 맨해튼의 일부 지역을 통행하는 차량에 대해 돈을 받겠다는 것. 교통 체증이 해결될 것이라는 긍정적인 의견이 있지만 시민들에게 경제적 부담이 되어서 반대한다는 주장도 있지요.

[2] 유럽 이탈리아의 밀라노는 도심에 아예 개인 차량은 진입하지 못하게 하는 정책을 펼치고 있어요. 자동차에서 나오는 매연으로 인한 대기오염 문제가 심각해지자 대중교통이나 택시만 도심에 진입할 수 있게 하는 것이지요. 하지만 이 같은 조치가 너무 극단적이라는 지적이 나와요.

[3] 프랑스의 수도 파리에서는 두 발로 서서 타는 전동 킥보드를 찾아보기 어렵게 됐어요. 기업들이 전동 킥보드를 대여하는 사업을 파리시가 하지 못하게 했기 때문이에요. 전동 킥보드는 자동차가 다니는 차도에서도, 사람이 다니는 인도에서도 환영 받지 못해요. 인도에서는 킥보드가 **보행자**들에게 위협이 되고 차도에서는 차량이 킥보드 운전자를 위협하기 때문. 안전사고가 지속적으로 발생하자 파리는 아예 전동 킥보드 대여 사업을 금지한 거예요.

 키워드

전동 킥보드

최근 들어 늘고 있는 개인형 이동수단이에요. 어린이들이 즐겨 타는 킥보드에 전기 장치를 달아 그 힘으로 이동하는 장치이지요. 우리나라에서도 전동 킥보드로 골머리를 앓고 있는데요. 도로교통공단이 발표한 자료에 따르면 2017년부터 2021년까지 개인형 이동수단과 관련해 3421건의 사고가 발생했고 45명이 숨졌어요.

상식 점검 퀴즈

Q. 다음의 나라에 속한 도시를 찾아 선으로 이어보세요.

① 미국   ㉠ 파리

② 이탈리아   ㉡ 뉴욕

③ 프랑스   ㉢ 밀라노

※정답: ①-㉡ / ③-㉠ / ②-㉢

한 뼘 더 생각 넓히기

미국 뉴욕 맨해튼에서 교통 체증을 없애기 위해 통행료를 받기로 한 것에 대한 의견이 갈려요. 통행료를 받으면 맨해튼 중심으로 들어오는 차량이 17% 줄어 찬성한다는 의견이 있는 반면 시민들에게 과한 경제적 부담을 주는 일이라며 반대하는 의견이 있지요. 나는 어떤 의견에 동의하는지 써보아요.

단어 설명

교통 체증 차가 너무 많거나 교통사고, 도로 공사 등으로 정상적인 통행이 어려운 상황

통행료 도로를 지나다니는 차가 지불하는 요금

밀도 빽빽한 정도

보행자 걸어서 길거리를 오가는 사람

22 내 사랑 푸바오~ 꼭 떠나야만 하니?ㅠㅠ

[1] 우리나라에서 태어난 자이언트 판다인 푸바오가 중국으로 보내져요. 푸바오는 지난 2020년 에버랜드(경기 용인시) 동물원에 사는 아이바오(암컷)와 러바오(수컷) 사이에서 자연 **번식**으로 태어난 암컷 판다에요. 우리나라에서 최초로 태어난 사랑스러운 판다 푸바오가 중국으로 가야하는 이유인 '판다 외교'에 관심이 쏠려요.

[2] 중국은 친한 관계를 유지하고 싶은 나라에 자국의 **고유종**인 자이언트 판다를 빌려주는 방식으로 외교를 펼치고 있어요. 일명 판다 외교는 1970년대부터 시작됐지요. 단, 중국은 아예 판다에 대한 **소유권**을 다른 나라에 넘기지는 않고 있어요. 멸종위기종을 팔거나 **기증**하는 것을 금지하는 국제 **협약**에 따른 것이지요. 자이언트 판다는 전 세계에 약 1800마리밖에 남지 않은 멸종위기종이에요.

[3] 자이언트 판다에 대한 소유권은 중국 정부에 있기 때문에 해외에 있는 모든 판다는 언젠가는 중국으로 보내져야 하는 운명이에요. 특히 중국은 해외에서 태어난 새끼 판다는 태어난지 24개월이 되었을 때 중국으로 다시 보내도록 규정하고 있어요. 이 시기가 되면 번식이 가능해지기 때문이지요. 푸바오도 중국에 가면 새끼를 낳아 엄마가 될 수도 있어요.

키워드
자이언트 판다

곰과의 희귀 동물. 중국의 일부 지역에서만 사는 판다가 귀한 몸인 이유는 번식이 까다롭기 때문. 암컷이 임신이 가능한 기간은 1년 중 딱 1번이고, 그 기간도 2~3일로 아주 짧아요. 판다의 새끼가 지나치게 연약한 것도 판다가 멸종 위기에 처한 이유예요. 몸무게 100㎏이 넘는 판다가 낳은 새끼는 약 100g에 불과할 정도로 작지요.

상식 점검 퀴즈

Q. 판다에 대한 설명으로 적절한 것을 고르세요.

① 각국 동물원에 있는 판다는 해당 국가가 소유하고 있다.

② 우리나라에서 최초로 태어난 판다는 '아이바오'다.

③ 멸종위기종인 이것을 팔거나 기증하는 것은 금지되어 있다.

※정답: ③

한 뼘 더 상식 키우기

판다는 깨어 있는 시간의 대부분을 먹이인 대나무를 먹는 데 써요. 평균적으로 하루 12시간 동안 12kg 이상의 대나무를 먹어치워요. 판다의 신체 구조는 육식(음식으로 고기를 먹음) 동물과 비슷하지만 초식(음식으로 풀을 먹음)을 해요. 대나무를 엄청나게 많이 먹음으로써 육식을 통해 얻을 수 있는 영양분을 보충하는 것. 대나무를 먹을 때도 여린 잎이나 죽순(대나무의 땅속줄기에서 돋아나는 어린싹)을 골라 먹는데, 역시 이 부분에 영양분이 더 풍부하기 때문이지요.

단어 설명

번식 생물이 늘어나서 많이 퍼짐

고유종 어느 한 지역에만 있는 생물 종

소유권 물건을 자기 것으로 가지는 권리

기증 남에게 물품을 거저 줌

협약 나라끼리 협의해서 약속을 맺음

달로 향할 나라들, 여기여기 모여라~ ♪

[1] 2024년이 시작되자마자 세계의 정부와 기업이 잇따라 달에 **착륙선**을 보내는 모습이에요. 2024년 1월 미국의 민간 우주 기업인 아스트로보틱이 '페레그린'이라는 달 착륙선을 보냈어요. 하지만 페레그린은 달에 착륙하는 임무를 수행하지는 못한 채 지구로 돌아오게 됐고 그 과정에서 **대기권**에서 불에 타 사라졌어요.

[2] 일본 우주항공연구개발기구(JAXA)는 달에 탐사선 '슬림(SLIM)'을 착륙시키는 데 성공했어요. 슬림은 달에 착륙하는 데는 성공했지만 연료를 제대로 충전하지 못해 한때 지상과 **교신**이 끊어지기도 했어요. 태양빛을 받아 전기를 생산해야 하는데, 착륙 과정에서 거꾸로 내려앉으면서 태양빛을 제대로 받지 못하는 문제가 발생한 것이지요. 나중에 태양전지에 태양빛이 닿게 되어 슬림은 지상으로 달 표면 사진을 보냈어요.

[3] 2024년 2월 미국의 기업인 인튜이티브 머신스가 발사한 '오디세우스'는 미국의 항공우주국(NASA·나사)의 장비를 싣고 달로 향했고 세계 최초로 달 착륙에 성공한 민간 탐사선이 됐어요. 오디세우스는 달 남극에서 약 300㎞ 떨어진 지점에 착륙하는 데 성공했지요.

슬림(SLIM)

슬림이 달에 착륙하면서 일본은 소련(현재의 러시아), 미국, 중국, 인도에 이어 세계에서 5번째로 달 착륙에 성공한 나라가 됐어요. 높이 2.4m, 폭 2.7m 크기의 슬림은 달 표면의 광물 등을 탐사하는 것이 주요 임무. 착륙 과정에서 문제가 있었지만 슬림은 목표 지점으로부터 100m 이내에 착륙하는 데 성공했어요. 그간 달 착륙선은 목표 지점에서 수㎞ 이내에 착륙하는 것이 일반적이었지만, 슬림은 착륙 정확도 면에서 큰 성과를 거둔 거예요.

상식 점검 퀴즈

Q. 다음의 설명이 맞으면 O, 틀리면 X 표시하세요.

① '페레그린'은 미국의 민간 우주 기업이 보낸 착륙선이다.   O / X

② '슬림'은 착륙 직후부터 임무를 문제없이 수행했다.   O / X

③ '오디세우스'는 미국의 NASA가 발사한 달 착륙선이다.   O / X

※정답: ① O ② X(태양전지에서 오류 발생) ③ X(NASA가 아니라 미국의 민간 기업인 인튜이티브 머신스)

한 뼘 더 상식 키우기

지구의 하루, 즉 자전주기(천체가 스스로 한 바퀴 도는 데 걸리는 시간)는 24시간이에요. 하루 중 약 12시간은 낮이고, 약 12시간은 밤인 거죠. 하지만 달은 달라요. 달의 자전주기는 무려 27.3일! 달의 하루는 지구와 달리 매우 길어서 지구일 기준으로 약 14일마다 낮과 밤이 바뀐답니다.

단어 설명

착륙선 행성 등의 표면에 내리는 우주선
대기권 지상으로부터 약 1000㎞까지의 공기층
교신 통신 매체를 통해 정보, 의견을 주고받음

두둥실~ 풍선을 높이 더 높이

[1] 하늘에 정찰용 풍선을 띄워 다른 나라를 감시한다? 첨단 기술이 발전한 요즘에도 이런 일이 흔하게 일어나요. 정찰용 풍선은 적의 **정세**를 살피기 위해 하늘에 띄우는 기기를 말해요. 정찰용 풍선은 **첩보**가 활발

하게 이뤄졌던 냉전 시대에 주로 활용되었는데 인공위성 기술이 크게 발달한 최근에도 쓰이고 있지요.

[2] 2023년 초 미국 몬태나 주의 핵미사일 **격납고**가 있는 맘스트롬 공군기지 근처에서 정찰용 풍선이 발견됐어요. 중국 정부가 띄운 풍선인 것으로 드러났어요. 미국은 중국이 자국의 군사시설을 감시하기 위해 정찰용 풍선을 띄운 것으로 봤지만 중국은 "연구용 풍선"이라고 주장했지요. 이 사건을 계기로 미국과 중국은 갈등을 빚기도 했어요. 팔레스타인의 **무장단체**와 전쟁을 치르고 있는 이스라엘도 북부의 국경에 정찰용 풍선을 띄웠어요.

[3] 각국이 정찰용 풍선을 활용하는 이유로는 저렴한 비용이 꼽혀요. 비행기를 띄우면 1시간에 4만 달러(약 5300만 원)가 들지만 정찰용 풍선을 띄우는 데에는 수천 달러밖에 들지 않거든요. 운영비용은 저렴한데 인공위성보다는 낮게 날고 정찰용 비행기보다는 높게 날아서 목표물에 대한 정보를 수집하기 딱 알맞기에 정찰용 풍선이 널리 쓰이고 있는 것이지요.

 **키워드**

냉전

1939~1945년 유럽, 아시아, 태평양 등지에선 세계적 규모의 전쟁이 일어났어요. 이를 제2차 세계대전이라고 해요. 이 전쟁이 끝난 뒤 세계는 미국을 중심으로 한 '자본주의(개인이 재산을 가질 수 있는 사회 경제 체제)' 국가와 소련(현재의 러시아)을 중심으로 한 '공산주의(개인의 재산을 인정하지 않는 사회 경제 체제)' 국가로 나눠졌어요.

양측이 대립하던 시기를 '냉전 시대'라고 해요. 제2차 세계대전이 막 끝난 터라 각국은 무기를 사용하는 전쟁을 치르지 않고, 경제·외교·정보 전쟁을 펼쳤어요. 1990년 소련이 해체되면서 냉전은 끝났지만 최근엔 미국과 유럽을 중심으로 한 국가들, 러시아와 중국을 중심으로 한 국가들 사이의 갈등이 심해지며 '새로운 냉전(신냉전)'이 시작됐다는 말도 나와요.

 **상식 점검 퀴즈**

Q. '냉전'의 '냉'은 '차가울 냉(冷)'이라는 한자를 써요. 무기를 사용한 뜨거운 전쟁이 아닌 총성 없는 차가운 전쟁이라는 의미지요. '차가울 냉(冷)' 자가 활용된 단어에는 무엇이 있는지 써보아요.

※정답: 예) 냉요고, 냉면, 냉방 등

한 뼘 더 상식 키우기

날씨를 예측하기 위해 '풍선'을 쓰기도 해요. 바로 기상 관측용 풍선! 우리나라 기상청은 전국 7곳에서 하루 4번씩 6시간 간격으로 기상 관측용 풍선을 올려 보낸답니다.

단어 설명

정세 일이 되어가는 사정, 형편
첩보 상대편의 정보, 형편을 몰래 알아냄
격납고 비행기를 넣어두거나 정비하는 건물
무장단체 전투에 필요한 무기를 갖춘 단체

25 러시아 위협 막아줄 우산에 쏙 들어가 볼까?

[1] 북유럽 나라인 핀란드가 2023년 북대서양조약기구(NATO·나토)에 공식적으로 가입했어요. 나토는 1949년 미국, 캐나다, 유럽 10개국 등 12개의 회원국이 참가해 세운 **방위** 기구예요. 핀란드에 이어 스웨덴도 2024년 공식 가입해 나토는 32개국의 회원국을 가진 세계 최대의 군사 **동맹**이 됐지요. 미국을 중심으로 하는 나토는 군사적 강대국인 러시아를 **견제**하는 역할을 해왔어요.

[2] 핀란드는 1948년부터 70년이 넘게 중립국의 지위를 유지해온 나라예요. 그런 핀란드가 나토에 가입한 이유는 러시아를 견제하기 위함이에요. 핀란드는 러시아와 국경을 맞대고 있는 나라. 2022년 러시아가 우크라이나를 **침공**한 이후 불안을 느낀 핀란드 정부는 나토에 가입 신청을 했고, 나토가 이를 받아들인 것이지요.

[3] 스웨덴도 나토에 2024년 3월 공식 가입했어요. 스웨덴은 1814년부터 무려 200년 넘게 군사 동맹에 가입하거나 전쟁에 참여하지 않았던 나라예요. 하지만 핀란드와 마찬가지로 러시아가 우크라이나를 침공하는 것을 보고 위기감을 느꼈고 나토에 가입하겠다는 뜻을 내비쳤지요. 나토 회원국 전체가 동의한다면 스웨덴은 나토에 가입할 수 있어요.

키워드
중립국

'중립'은 '가운데(中·중)에 선다(立·립)'라는 뜻. 국가 사이의 싸움이나 전쟁에 끼어들지 않고 중간 입장을 지키는 나라를 말해요. 이런 외교 정책을 '중립주의'라고도 하지요. 핀란드, 스웨덴, 스위스가 대표적인 중립국이었지만, 나토에 가입하며 핀란드와 스웨덴은 중립국의 지위를 포기했어요.

상식 점검 퀴즈

Q. 다음의 국가들을 나토에 가입한 국가와 가입하지 않은 국가로 나누어 보세요.

러시아, 미국, 캐나다, 핀란드, 스웨덴, 스위스	
나토 가입 국가	나토 미가입 국가

※정답: ① 미국, 캐나다, 핀란드, 스웨덴 / ② 러시아, 스위스

한 뼘 더 상식 키우기

러시아가 우크라이나를 침공한 주요 원인 가운데 하나로 우크라이나의 나토 가입 시도가 꼽혀요. 우크라이나는 지리적으로 러시아와 유럽을 연결하는 요충지(군사적으로 아주 중요한 곳)에 자리하고 있지요. 1991년 소련(현재의 러시아)이 붕괴되면서 독립한 우크라이나는 러시아가 아니라 미국 및 유럽과 긴밀한 관계를 맺으며 최근의 전쟁이 일어나기 전까지 나토 가입을 추진해왔죠. 러시아는 우크라이나가 나토에 가입하면 나토가 러시아에 위협이 될 것이라 판단해 우크라이나를 침공한 것이지요.

단어 설명
방위 적의 공격을 막아서 지킴
동맹 두 나라 이상이 서로의 이익을 위해 함께 행동하기로 한 약속
견제 경쟁 대상이 지나친 힘을 가지지 못하도록 억누름
침공 다른 나라를 불법으로 쳐들어가 공격함

26 맥도널드 있는 나라끼리는 사이좋게 지냅시다!

[1] 미국에 본사를 두고 있는 맥도널드는 세계적 햄버거 프랜차이즈이지요. 전 세계 120개국에 무려 4만개가량의 매장을 둔 거대한 기업이에요. 햄버거와 감자튀김, 콜라를 주력으로 파는 맥도널드는 미국의 상징으로 자리 잡았어요.

[2] 맥도널드와 관련된 흥미로운 이론이 있어요. 맥도널드를 받아들인 나라는 다른 나라의 문화와 산업에 **개방적**인 태도를 가졌다는 것. 또 맥도널드가 진출했을 정도라면 사회·경제적으로 어느 정도 안정된 나라이며 이런 상태를 유지하기 위해 평화를 추구한다는 것이지요. 맥도널드가 들어선 나라 사이에는 전쟁이 일어나지 않는다는 '맥도널드 황금아치 이론'이 1990년대 후반에 처음 등장했어요. 황금아치는 맥도널드의 상징인 노란색 'M'자 로고를 의미해요.

[3] 하지만 최근에는 이 공식이 **유효**하지 않은 것으로 보여요. 지난 2022년 2월 **발발**한 러시아-우크라이나 전쟁을 보면 알 수 있어요. 러시아, 우크라이나에 각각 맥도널드가 있지만 이 두 나라는 전쟁을 벌이고 있지요. 물론 전쟁이 터진 이후로 맥도널드가 러시아에서 사업을 **철수**한 상황이기는 해요.

 키워드

프랜차이즈

가맹점 혹은 체인점이라고도 불리는 프랜차이즈는 특정한 상품이나 서비스를 제공하는 기업이 자기 상품에 대해 영업할 수 있는 권한을 주는 영업 형태예요. 우리 동네에도 있고 옆 동네에도 있는 맥도널드가 대표적인 프랜차이즈 기업이지요. 프랜차이즈 기업이 각 점포를 운영하는 사람에게 브랜드의 상표와 경영 노하우, 조리법, 광고 전략 등을 제공하면 점포 운영자는 그 대가로 브랜드 사용 금액을 지급하는 방식으로 운영돼요.

 상식 점검 퀴즈

Q. 다음 중 프랜차이즈 기업을 운영하는 사례라고 볼 수 <u>없는</u> 것을 고르세요.

① 치킨 가게를 운영하려는 삼촌은 본사로부터 경영 노하우와 조리법 교육을 받았다.

② 커피 가게를 운영하려는 이모는 가게의 이름을 직접 짓고, 메뉴의 가격도 스스로 정했다.

※정답: ②

한 뼘 더 상식 키우기

맥도널드의 대표 햄버거 메뉴인 '빅맥'으로 각 나라의 물가(물건의 가격)를 가늠하는 데 쓰이는 '빅맥지수'라는 개념이 있어요. 세계 여러 나라의 맥도널드에서 빅맥이 판매되고 있다 보니 각국에서 판매되는 빅맥의 가격을 미국 달러로 환산(바꾸어 계산함)해 각국의 물가를 비교하는 것이지요. 우리나라에서 판매되는 빅맥의 가격을 달러로 환산했을 때 8달러, 베트남의 빅맥을 달러로 환산했을 때 5달러라면 우리나라의 물가가 베트남보다 높다는 것을 의미하지요.

단어 설명

개방적 태도, 성격이 거리낌 없고 열려 있는(것)

유효 효과가 있음

발발 전쟁 같은 큰 사건이 갑자기 일어남

철수 거두어들임

27 무모한 도전은 참아주길 바랍니다

[1] '세계에서 가장 나이 많은 개'라는 기네스 세계기록을 갖고 있는 개 '보비'에 대한 **의혹**이 나왔어요. 2023년 10월, 31세의 나이로 세상을 떠난 보비와 같은 종은 평균 12~14년가량 살아요. 일부 **수의사**들이 오래 전에 찍은 보비의 사진과 최근 사진을 비교해 발 색깔이 다르다는 점을 들어 "보비의 실제 나이가 31세가 맞

느냐"라는 의혹을 제기한 것. 기네스 측은 기록을 다시 **검토**하고 보비에 대한 기록인정을 취소하기로 했지요.

[2] 기네스 세계기록은 세계 각지에서 확인된 독특하고 신기한 최고 기록. 아일랜드의 맥주 회사 '기네스(Guinness)'가 기록들을 모아 해마다 '기네스북'이라는 이름의 책을 내놔요. '세상에서 가장 손톱이 긴 사람', '쉬지 않고 가장 많은 사람과 악수를 한 사람' 등 흥미로운 기록이 가득하지요.

[3] 기네스 세계기록에 오르려면 몇 가지 원칙을 지켜야 해요. 먼저 '음식 많이 먹기' '잠 안자기'와 같이 사람의 몸에 해를 끼칠 수 있는 기록은 인정받지 못해요. '세상에서 가장 무거운 개'와 같이 동물 **학대** 논란이 생길 수 있는 기록도 인정하지 않지요. 음식 낭비 문제를 막기 위해 먹거리와 관련된 기록의 경우 도전 참가자들이 직접 모든 음식을 먹어야 한다는 규정도 있어요.

키워드

기네스북

1950년대 초 맥주 회사 기네스의 경영책임자였던 휴 비버(1890~1967)라는 인물이 세계의 기발한 기록들에 관심을 가지며 구상했어요. 기록들을 모아 책을 내놓으면 자신이 경영하는 회사의 이름도 널리 알릴 수 있겠다고 생각했고, 기네스북은 1955년 세상에 처음 나온 뒤로 매해 발간(책을 만들어 냄)되고 있어요.

상식 점검 퀴즈

Q. 다음 중 기네스북에 등재될 수 있는 기록으로 적절한 것을 고르세요.

① 세계에서 가장 빨리 달리는 로봇

② 세계에서 가장 무거운 개

③ 세계에서 가장 오랫동안 잠을 자지 않고 버틴 사람

※ 정답: ①

한 뼘 더 생각 넓히기

해마다 발간되는 기네스북은 전 세계인의 큰 관심을 받아요. 하지만 기록을 위해 사람들이 위험하거나 무모한 행동을 하도록 부추긴다는 우려의 목소리도 있지요. 이런 지적에 대한 내 생각은 어떤지 써보아요.

단어 설명

의혹 의심하여 수상하게 여김

수의사 사람이 아닌 동물을 진찰하고 치료하는 의사

검토 어떤 사실이나 내용을 분석하여 따짐

학대 괴롭히거나 가혹하게 대우함

28 빵 냄새 뒤덮은 총성은 언제 끝날까요?

[1] 지난 2022년 2월 러시아가 우크라이나를 **침공**하면서 시작된 전쟁이 2년 넘게 이어지고 있어요. 이 전쟁으로 우크라이나뿐 아니라 전 세계의 어린이들이 고통을 받고 있지요.

[2] 우크라이나에서는 매일 4명의 어린이들이 죽거나 다치는 것으로 조사됐어요. 러시아가 인구가 많은 도시를 위주로 **공습**을 가하면서 학교는 더 이상 어린이들을 보호하지 못하는 공간이 됐어요. 상황이 이렇다 보니 우크라이나의 어린이들은 부모님과 함께 고향을 떠나 주변의 다른 나라로 **피란**을 가기도 해요. 이 과정에서 어린이들이 각종 폭력에 노출되기도 하지요.

[3] 러시아-우크라이나 전쟁의 영향으로 개발도상국의 어린이들은 끼니를 거르고 있어요. 우크라이나는 '빵 바구니'라 불릴 정도로 밀을 많이 **수출**하는 국가예요. 그러나 전쟁이 터진 이후 국토의 많은 곳이 공격받으며 밀 농사를 제대로 지을 수 없게 됐지요. 우크라이나가 밀을 수출하지 못하게 되면서 밀이 제대로 **공급**되지 못해 밀의 가격이 치솟았어요. 밀의 가격이 오르면 빵과 같은 음식의 가격도 당연히 함께 올라요. 개발도상국의 어린이들이 제대로 식사를 하지 못하는 이유예요.

키워드
개발도상국

선진국에 비해 산업과 경제 발전이 뒤떨어진 나라를 가리켜요. 선진국은 다른 나라보다 정치·경제·문화 발달이 앞선 나라를 가리키는 말이지요. 개발도상국은 과거 선진국에 상대해 '후진국'이라고도 불렸어요. 주로 아시아, 아프리카, 남아메리카 등에 개발도상국이 많지요.

상식 점검 퀴즈

Q. 다음의 사실을 앞뒤 관계에 따라 일이 벌어진 순서대로 나열하세요.

> ① 개발도상국 어린이들이 제대로 된 식사를 하지 못하게 됨
> ② 세계 밀 가격이 치솟으면서 밀을 재료로 만드는 빵 가격도 오름
> ③ 우크라이나 국토가 공격 받으며 밀 농사가 어려워짐
> ④ 러시아가 우크라이나를 침공함
> ⑤ 우크라이나의 밀 수출에 차질이 빚어짐

※정답: ④-③-⑤-②-①

한 뼘 더 상식 키우기

우크라이나 어린이들은 학교를 잘 가고 있을까요? 2023년 우크라이나 동북부 하르키우주에선 지하철 역사 공간에 교실을 마련했어요. 러시아의 공격으로 지상 학교는 안전하지 않기에 지하 깊은 곳의 지하철역 내부 공간을 교실로 바꾼 것. 학교 교육 과정도 전쟁 상황에 따라 조정되면서 학생들은 지뢰(땅속에 묻어 두고, 그 위를 사람이나 차량 등이 지나가면 폭발하도록 만든 무기)에 관한 안전 교육도 받는다고 해요.

단어 설명

침공 다른 나라를 불법으로 쳐들어가 공격함

공습 비행기를 이용해 하늘에서 공격을 함

피란 난리를 피함

수출 상품이나 기술을 외국으로 팔아 내보냄

공급 요구나 필요에 따라 물건을 제공함

29 석유 팔아 돈 버는 나라에서 벗어나려고요

[1] 사우디아라비아가 '2030 세계박람회(엑스포)'를 개최하는 나라로 정해졌어요. 우리나라의 부산시도 엑스포 개최에 도전했지만 사우디아라비아의 수도 리야드에 밀려 탈락했지요. 엑스포 외에도 사우디아라비아는 큰 국제 행사를 개최하는 데 열을 올리고 있어요.

[2] 사우디아라비아는 2027년 아시아축구연맹(AFC)이 개최하는 아시안컵을 개최하는 나라로 정해졌어요. 2029년에는 현재 사우디아라비아가 사막에 건설 중인 미래형 도시인 네옴시티에서 겨울 아시안게임이 열려요. 뿐만 아니라 2034년에는 리야드에서 여름 아시안게임이 개최되지요. 같은 해 국제축구연맹(FIFA)의 월드컵도 사우디아라비아에서 열리게 될 것으로 보여요.

[3] 사우디아라비아가 굵직한 국제 행사를 여는 데 집중하는 이유는 무엇일까요. 이 나라가 가진 **권위주의**적인 이미지를 벗기 위함이라는 분석이 나와요. 사우디아라비아에서는 국왕이 모든 정치적 권력을 갖고 나라를 **통치**하는데, 이 같은 모습을 **민주주의**가 발달한 나라에서는 부정적으로 보기도 해요. 따라서 사우디아라비아는 세계인의 시선이 자기 나라의 정치적 상황보다는 축제에 쏠리기를 원하기 때문에 각종 국제 행사를 여는 것이지요.

 **키워드**

세계박람회(엑스포·EXPO)

국제적인 규모로 열리는 종합 박람회로, 흔히 '엑스포(EXPO)'라고 하지요. 엑스포는 특정한 주제를 다루는 '전문(인정) 엑스포'와 넓은 주제를 다루는 '세계(등록) 엑스포'로 나뉘는데, 우리나라가 최근 유치전에서 패한 2030년 엑스포는 '등록 엑스포'예요. 5년에 한 번 열리는 등록 엑스포는 올림픽, 축구 월드컵과 더불어 세계 3대 행사로 꼽혀요.

우리나라는 1993년 대전에서, 2012년 여수에서 엑스포를 개최한 적은 있지만 모두 '인정 엑스포'였고, 등록 엑스포를 개최한 적은 없어요.

 **상식 점검 퀴즈**

Q. 2030 세계박람회는 어떤 나라의 어느 도시에서 열리는지 써보세요.

※정답: 사우디아라비아의 리야드

한 뼘 더 상식 키우기

사우디아라비아의 '오일머니'가 스포츠계도 뒤흔들고 있어요. 오일머니는 산유국(기름이 나는 나라)이 석유를 수출하고 번 돈을 가리키는 말. 사우디아라비아의 프로축구 팀들은 2023년, 크리스티아누 호날두(포르투갈), 네이마르(브라질) 같은 세계적인 축구 선수들을 영입했지요. 스포츠 산업에 집중 투자해 석유에만 기대왔던 경제 구조를 벗어나려 한다는 분석이 나와요.

단어 설명

권위주의 어떤 일에 있어 권위를 내세우는 태도로, 일부 집단이 힘을 갖고 국민을 지배하는 나라를 권위주의적 국가라고도 함

통치 나라, 지역을 맡아 다스림

민주주의 국민이 권력을 갖고 그 권력을 스스로 행사하는 정치 제도

세계 정상들도 맛집 탐방 고고!

[1] 세계의 **정상**들이 만나면 **만찬**이 벌어지기도 해요. 주로 손님을 초대한 나라가 정성스럽게 식사를 준비하지요. 정상들이 무엇을 먹는지만 보아도 두 나라가 어떤 관계인지를 짐작할 수 있어요. '음식은 가장 오래된 외교 도구'라는 말도 있을 정도이지요.

[2] 지난 2023년 윤석열 대통령은 일본을 찾아 기시다 후미오 일본 총리를 만났어요. 기시다 총리는 윤 대통령이 오므라이스를 좋아한다는 것을 듣고 그를 일본의 수도 도쿄에 있는 작은 가게로 초대했어요. 이 식당은 120년이 넘는 전통을 가졌어요. 화려한 만찬은 아니었지만 기시다 총리가 윤 대통령과 터놓고 대화하며 가까워지기 위해 일부러 소박한 자리를 마련한 것으로 보여요.

[3] 한국과 미국의 **동맹**이 맺어진지 70년이 된 것을 기념하기 위해 2023년 윤 대통령은 미국에 가서 조 바이든 대통령을 만났어요. 미국 측은 크랩(게살)케이크라는 미국의 전통 요리와 한식 메뉴인 소갈비찜을 만찬에 올렸어요. 한국과 미국의 식문화를 조화시킨 메뉴가 등장한 것을 두고 "두 나라의 **화합**을 상징한다"는 평가가 나왔지요. 실제로 만찬 전에 정상회담에선 한국과 미국의 동맹을 더욱 단단히 한다는 내용을 담은 '워싱턴 선언'이 채택되기도 했어요.

 **키워드**

정상회담

국가의 정상들이 모여 하는 회담(어떤 문제에 대해 관련된 사람들이 한자리에 모여 의논함)을 말해요. 한미정상회담, 한일정상회담처럼 두 나라의 정상이 모여 열리는 회담도 있지만 한미일정상회담, 유럽정상회담처럼 세 나라 이상의 정상이 모여 여는 회담도 있지요.

 **상식 점검 퀴즈**

Q. 저녁 식사를 의미하는 만찬은 '늦을 만(晚)', '밥 찬(餐)'으로 구성된 한자어예요. 다음의 한자와 그 뜻을 살핀 후 아침 식사와 점심 식사를 의미하는 단어는 무엇인지 각각 써보세요.

朝(아침 조)	午(낮 오)
① 아침 식사:	② 점심 식사:

※정답: ① 조찬 ② 오찬

한 뼘 더 상식 키우기

2022년 사우디아라비아의 무함마드 빈 살만 왕세자 겸 총리가 우리나라를 방문해 윤석열 대통령과 회담을 가졌을 땐 화합을 상징하는 신선로(고기와 야채를 조화롭게 넣은 우리나라의 전통 요리)가 식탁에 올랐는데, 주재료는 돼지고기를 뺀 해산물로 구성됐어요. 사우디아라비아의 국교(나라가 정한 종료)는 이슬람교로, 이 종교를 믿는 사람들은 돼지고기를 먹지 않기 때문이지요.

단어 설명

정상 한 나라에서 으뜸가는 권력을 지닌 사람

만찬 손님을 초대해 함께 먹는 저녁 식사

동맹 두 나라 이상이 서로의 이익을 위해 함께 행동하기로 한 약속

화합 마음, 뜻을 모아 화목하게 어울림

소 잃기 전에
미리미리 외양간 고쳤다면

[1] 2023년 2월 아시아 대륙과 유럽 대륙 경계에 위치한 나라 튀르키예에서 강한 지진이 발생했어요. 이 나라에서 관측된 지진 가운데 가장

강력한 리히터 규모 7.8의 지진이 남부 도시 가지안테프를 **강타**했지요. 지진에 따른 피해는 가지안테프를 포함한 남부의 도시들을 위주로 발생했어요.

[2] 튀르키예에서 이 지진으로 숨진 사람은 5만 명이 넘고 부상자는 10만 명 이상이에요. 지진은 대부분 주민들이 깊이 잠든 새벽 시간대에 발생했어요. 빠르게 대피하는 데 어려움이 있었기 때문에 희생자가 많이 나왔다고 튀르키예 정부는 설명했어요. 그리고 강한 **여진**이 계속된 것도 피해 규모를 키웠지요.

[3] 하지만 지진을 전혀 대비하지 않은 것도 문제라는 지적이 나왔어요. 튀르키예의 남부에 있는 오래된 건물들은 대부분 **내진** 설계가 되어 있지 않았다는 거예요. 튀르키예에서는 1999년부터 모든 건물을 지을 때 내진 설계를 하도록 했지만 남부에서 이 기준 대로 지어진 건물은 매우 드물었다고 해요. 이로 인해 건물의 모든 층이 납작하게 무너져 내려 피해는 더욱 커졌다는 분석이에요.

리히터(Richter) 규모
지진의 규모를 나타내는 단위예요. '리히터'는 미국의 지진학자 찰스 프란시스 리히터(1900~1985)의 이름에서 따왔어요. 그는 지진파를 측정해 지진의 에너지를 추정하는 방법을 개발한 지진학자예요.

Q. 제시된 단어들의 의미를 찾아 올바르게 선으로 이어보세요.

① 강진   ㉠ 큰 지진이 일어난 다음에 이어지는 작은 규모의 지진

② 여진   ㉡ 강한 지진

③ 내진   ㉢ 지진을 견디는 것

※ 정답: ①-㉡, ②-㉠, ③-㉢

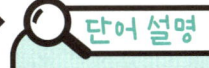

튀르키예는 2022년 영문 국호(나라의 이름)를 '터키'에서 '튀르키예'로 변경했어요. 본래 이름이었던 터키(Turkey)는 칠면조를 뜻하는 영어 단어와 스펠링이 똑같지요. 이 단어는 '멍청이', '패배자'라는 나쁜 의미도 가져 영어식 나라 이름을 변경하게 된 것이지요. 터키는 국호를 변경함으로써 나라의 이미지를 개선해 외교적 영향력을 확대하려는 움직임도 보여요. 실제로 러시아와 우크라이나의 중재자(가운데 끼어들어 화해시키는 사람)로 나서며 국제 사회에서 목소리를 키워가고 있답니다.

단어 설명

강타 세게 침

여진 큰 지진이 일어난 다음에 이어지는 작은 규모의 지진

내진 지진을 견디는 것

32 손대면 빵 하고 터질 것만 같은 중동 화약고

[1] **중동** 나라 이스라엘과 팔레스타인의 **무장단체**인 하마스가 2023년 10월부터 전쟁을 벌이고 있어요. 이스라엘과 하마스의 전쟁이 예상했던 것보다 길어지면서 중동 지역의 긴장감이 높아지는 모습이에요.

[2] 이스라엘과 팔레스타인이 벌인 분쟁의 역사는 뿌리 깊어요. 전 세계에 흩어져 살던 **유대인**들이 1948년 **지중해** 동쪽의 팔레스타인 지역에 이스라엘이라는 나라를 세우면서 분쟁이 시작됐어요. 당시 팔레스타인에는 대부분 이슬람교를 믿는 사람들이 살고 있었는데 이들은 하루아침에 유대인들에게 땅을 빼앗기게 됐지요. 이때 쫓겨난 팔레스타인 사람들은 현재까지 팔레스타인 **자치지구**인 가자지구와 서안지구 등에 살고 있어요.

[3] 이스라엘이 세워진 이후로 이 지역에서는 분쟁이 끊이지 않고 있어요. 1948년부터 1973년까지 중동에서 총 4차례의 큰 전쟁이 벌어졌어요. 모두 이스라엘과 주변의 이슬람교를 믿는 국가가 벌인 전쟁이에요. 1973년 이후로 중동 나라가 대규모로 참여하는 전쟁은 더 이상 벌어지지 않고 있지만 이스라엘은 여전히 팔레스타인과 갈등을 빚고 있어요. 국제 사회는 이번 전쟁이 중동 전체로 번지지는 않을지 걱정스런 시선으로 지켜보는 상황이에요.

키워드

이슬람교

610년 마호메트가 창시한 종교로, 유일신 알라를 믿고 코란을 경전(종교적인 원리나 이치를 적은 책)으로 삼아요. 기독교, 불교와 함께 세계 3대 종교 중 하나로, 사우디아라비아나 아랍에미리트(UAE) 같은 중동 국가를 비롯해 인도네시아 같은 아시아 국가에도 널리 퍼져 있는 종교예요. 이슬람교 신자를 가리켜 '무슬림'이라고도 해요.

상식 점검 퀴즈

Q. 다음의 설명이 맞으면 O, 틀리면 X 표시하세요.

① 세계 3대 종교는 기독교, 불교, 이슬람교다.   O / X

② 이스라엘에는 대부분 이슬람교를 믿는 사람들이 살고 있다.   O / X

③ 가자지구와 서안지구는 팔레스타인 사람들이 살고 있는 자치지구다.   O / X

※정답: ① O ② X(이스라엘에는 유대교를 믿는 사람들이 주로 살아요) ③ O

한 뼘 더 상식 키우기

이스라엘과 하마스의 전쟁이 벌어지고 있는 가자지구는 '중동의 화약고'라고 불려요. 여기서 '화약고'라는 말은 폭발물의 일종인 '화약'을 저장해 두는 창고를 가리키는 말이에요. 만약 화약고에 불이 났다면 뻥 하고 큰 폭발이 일어나겠지요? 이에 '분쟁이나 전쟁 등이 일어날 위험이 많은 지역'을 가리켜 '화약고'라고 표현하는 것이지요.

단어 설명

중동 서남아시아와 북부아프리카 일대를 아울러 이르는 말. 사우디아라비아, 이란 같은 나라가 포함된다

무장단체 전투에 필요한 무기를 갖춘 단체

유대인 이스라엘 민족의 유일신(하나밖에 없는 신) '여호와'를 섬기는 종교인 유대교를 믿는 민족

지중해 유럽, 아시아, 아프리카 세 대륙에 둘러싸인 바다

자치지구 독립적으로 다스리는 지역

이만하면 왕관 쓸 자격 있죠?

[1] 입헌군주제를 택하는 유럽의 일부 나라에는 요즘 시대에도 국왕이 있어요. **국왕**을 포함한 왕실은 일반적으로 호화로운 생활을 누리고 이를 위해 시민들이 낸 막대한 **세금**이 쓰여요. 이런 모습이 '모든 사람은 평등하다'는 원칙에 어긋난다는 지적이 이어지자 일부 왕실은 사회적 책임을 다하기 위해 노력하고 있어요.

[2] 2024년 1월 덴마크에서는 마르그레테 2세 여왕이 스스로 국왕의 자리에서 내려왔어요. 1146년 이후 덴마크에서 국왕이 스스로 물려난 것은 처음이었어요. 마르그레테 2세는 건강이 나빠져 더 이상 책임감 있게 임무를 수행할 수 없게 되어 아들에게 자리를 물려주었어요. 그의 결정을 두고 "아름다운 퇴장"이라는 평가가 나왔어요.

[3] 반면 영국에서는 찰스 3세 국왕이 지나치게 화려한 **대관식**을 열어 비판을 받았어요. 엘리자베스 2세 여왕이 세상을 떠난 뒤 국왕의 자리에 오른 찰스 3세는 2023년 5월 대관식을 열면서 우리 돈으로 1700억 원에 달하는 어마어마한 세금이 투입됐어요. 코로나19의 확산 이후 경제 상황이 안 좋아져 영국 국민들이 어려움을 겪고 있는데 큰돈을 들여 대관식을 연 것은 부적절했다는 지적이 나왔어요.

키워드
입헌군주제

왕이 자기 마음대로 절대 권력을 휘두르는 것이 아니라, 헌법이라는 체계를 갖추고 실제로는 의회(국민을 대표하는 의원들로 구성된 기관으로, 법을 만드는 역할을 함)가 정치를 이끌면서 왕의 역할을 제한적으로 허용하는 제도예요. 이 경우 왕은 대부분 상징적으로 존재하지요.

상식 점검 퀴즈

Q. 다음 중 입헌군주제를 택하지 <u>않은</u> 나라를 고르세요.

① 덴마크

② 영국

③ 미국

※정답: ③(미국은 대통령을 뽑는 민주주의 국가로, 입헌군주제를 택하고 있지 않는 나라.)

한 뼘 더 상식 키우기

입헌군주제를 택하고 있는 또 다른 나라인 스페인에선 공주가 군사 훈련을 받아 화제를 모았어요. 펠리페 6세 스페인 국왕의 첫째 딸인 레오노르 공주는 2023년, 육군사관학교(육군의 초급 장교를 기르는 교육기관)에 들어가 훈련을 받았지요. 레오노르 공주는 다음 국왕 자리에 오를 가능성이 높은 인물. 스페인에서는 국왕이 군대의 총사령관을 겸하기 때문에 국왕이 될 왕족은 의무적으로 군사 훈련을 받아야 하고 그것이 공주라도 예외는 없는 것이지요.

단어 설명

국왕 나라의 임금

세금 국민으로부터 강제로 거둬들여 나라를 운영하는 데 쓰이는 돈

대관식 왕의 자리에 올랐음을 널리 알리는 의식

이토록 낭만적인 올림픽 보셨나요?

[1] 2024 여름 올림픽이 오는 7월부터 프랑스의 수도인 파리에서 열려요. 2024 파리 올림픽의 **슬로건**은 '완전히 개방된 대회(Games Wide Open)'로 최대한 많은 사람들이 즐길 수 있는 스포츠 축제를 만들겠다는 의미를 담았어요.

[2] 서울에 한강이 흐르는 것처럼 파리에는 이 도시를 가로지르는 센강이 흘러요. 파리 올림픽 조직위원회는 센강에서 올림픽 **개막식**을 열겠다는 계획이에요. 세계 각국에서 온 선수들이 배를 타고 센강을 지나며 자신과 나라를 소개하게 되는 것. 만약 센강에서 개막식이 열린다면 올림픽 역사상 최초로 경기장 밖에서 개최하는 개막식이 될 것으로 보여요. 하지만 많은 사람이 몰리면서 안전사고가 발생할 수 있다는 우려도 나와요.

[3] 올림픽 개최를 앞두고 파리에서 빈대가 유행하며 프랑스 정부는 **비상**에 걸리기도 했어요. 빈대는 사람의 피를 빨아먹는 해충. 병을 옮기지는 않지만 빈대에 물리면 가려움으로 인해 고통을 받을 수 있어요. 선수들이 빈대에 물리면 준비한 만큼의 성적을 내지 못할 수 있기 때문에 프랑스 정부는 빈대를 **퇴치**하기 위한 대책에 돌입했어요. 냄새를 맡아 빈대를 찾아내는 개를 투입하고 철저한 소독을 실시하기도 했지요.

 **키워드**

파리 올림픽

2024년 7월 26일~8월 11일 열리는 제33회 올림픽이에요. 올림픽은 4년에 한 번씩 열리는 세계인의 스포츠 축제예요. 파리는 이미 1900년 제2회 올림픽과 1924년 제8회 올림픽을 개최한 도시. '완전히 개방된 대회'라는 슬로건에 걸맞게 2024 파리 올림픽은 개막식뿐 아니라 광장, 유적지 등 개방된 공간에서 스케이트보드, 승마와 같은 종목이 치러져요. 뿐만 아니라 사상 처음으로 남녀 선수 출전 비율을 50%씩 맞췄다는 특징도 있어요.

상식 점검 퀴즈

Q. 다음 중 2024 파리 올림픽에 대한 설명으로 적절하지 <u>않은</u> 것을 고르세요.

① 파리에서 두 번째이자 100년 만에 열리는 올림픽이다.

② 올림픽 역사상 최초로 경기장 밖에서 개막식이 열린다.

③ '완전히 개방된 대회'라는 슬로건을 내걸었다.

※정답: ①(두 번째이자 아닌 세 번째)

한 뼘 더 생각 넓히기

파리 올림픽의 센강 개막식에 대한 의견은 나뉘어요. '세계에서 가장 낭만적인 강'이라 불리는 센강에서 개막식이 펼쳐져 역대 올림픽에서 보기 어려웠던 모습을 연출할 것이라는 기대감도 있지만 최근 유럽에서 테러 위험이 높아지고 있는 만큼 선수와 관중의 안전을 보장할 수 없다는 우려도 있지요. 나는 어떤 의견에 동의하는지 써보아요.

단어 설명

슬로건 어떤 단체나 행사가 전하려는 메시지를 나타낸 짧은 말

개막식 일정 기간 동안 진행되는 행사를 처음 시작할 때 행하는 의식

비상 뜻밖의 긴급한 사태

퇴치 물리쳐서 없애 버림

35 인도인들에겐 뭔가 특별한 게 있다니까!

[1] 전 세계에서 가장 많은 **인구**를 가진 나라는 바로 인도예요. 인도의 인구는 2024년 기준 약 14억4000만 명으로 전 세계 인구의 약 18%를 차지하고 있어요. 인도는 빠른 속도로 성장하는 나라예요. 2023년 이 나라의 국내총생산(GDP)은 세계 5위를 기록했지요. 앞으로도 인도의 GDP 규모는 더욱  성장해 2030년경에는 7조 달러(약 9284조 원)에 달할 것이라는 전망이 나와요.

[2] 인도는 우주 과학 분야에서 **두각**을 드러내고 있어요. 2023년 8월 인도는 **무인** 달 탐사선인 '찬드라얀 3호'를 달의 남극에 착륙시키는 데 성공했어요. 달 남극에 탐사선을 보낸 것은 인도가 최초라 세계의 주목을 받았어요. 2024년 1월 인도는 태양 관측 위성인 '아디티아-L1'을 목표 지점까지 무사히 보내는 데 성공하기도 했어요. 태양의 궤도에 위성을 쏘아올린 것은 아시아 나라 가운데 인도가 최초이지요.

[3] 인도만의 '주가드 정신'이 뒷받침되었기 때문에 인도가 무서운 속도로 발전하고 있는 것이라는 분석이 나와요. 인도의 **공용어**인 힌디어로 '현명함'이라는 뜻을 가진 주가드는 독창적인 방식으로 위기를 돌파하는 능력을 말해요. 어려운 상황에서도 포기하지 않고 실패를 오히려 기회로 만드는 인도인들의 정신력이 인도를 강하게 만들고 있다는 분석이에요.

 키워드

국내총생산(GDP)
한 나라 안에서 일정 기간 동안 생산된 물건·서비스를 시장 가격으로 평가한 것이에요. 해당 국가의 국민은 물론 외국인이 그 국가에서 생산한 가치도 GDP에 반영되지요.
반면 국민총생산(GNP)은 한 나라의 국민이 국내 또는 해외에서 생산한 물건·서비스를 시장 가격으로 평가한 것. 이 경우 외국인이 생산한 물건·서비스의 가격은 반영되지 않지만 우리나라 국민이 외국에서 돈을 번 것은 반영되지요. GDP와 GNP 모두 특정 국가의 경제 수준을 가늠하기 위해 활용돼요.

 상식 점검 퀴즈

Q. 다음 빈칸에 들어갈 말을 쓰세요.

① 인도는 전 세계에서 가장 많은 ◯◯를 가진 나라다.

② 인도는 세계 최초로 달 ☐☐에 탐사선을 착륙시켰다.

※정답: ① 인구 ② 남극

한 뼘 더 상식 키우기

인도계 인물들은 세계 여러 분야에서 리더로 활약해요. 영국의 총리인 리시 수낵을 비롯해 아제이 방가 세계은행(WB) 총재도 인도 출신 인물. 인도인들은 종교를 비롯한 문화적 충돌이 많은 환경에서 자라는데, 일상생활에서 갈등을 피하기 위해 상대방을 배려하는 습관이 몸에 배어있다고 해요. 이런 인도 특유의 문화가 세계를 이끄는 리더를 만들어내고 있다는 분석이에요.

단어 설명

인구 특정한 나라, 지역에 사는 사람의 수

두각 재능, 기술이 남보다 특히 뛰어남을 비유적으로 이르는 말

무인 사람이 없음

공용어 한 나라 안에서 공식적으로 쓰는 언어

저는 15개 나라의 국가원수를 지내고 있습니다

[1] 2022년 영국의 엘리자베스 2세 여왕이 세상을 떠났어요. 엘리자베스 2세의 뒤를 이어서 그의 아들인 찰스 3세가 현재 영국의 국왕을 지내고 있지요. 영국에서는 전통적으로 새로운 국왕이 자리에 오르면 **중앙은행**인 잉글랜드은행(BOE)이 새 국왕의 얼굴을 새긴 지폐와 동전을 발행해요. 이에 따라 2024년 중반부터는 찰스 3세의 **초상화**가 새겨진 지폐와 동전이 영국에서 **유통**될 것으로 보여요.

[2] 영국뿐 아니라 캐나다에서도 찰스 3세의 얼굴이 새겨진 동전을 제작해 유통하고 있어요. 영연방에 속하는 캐나다는 헌법상 영국의 국왕을 자신의 나라의 **국가원수**로 인정하고 있어요. 그래서 캐나다는 영국 국왕의 얼굴을 새긴 동전과 지폐를 유통하는 것이지요. 이처럼 영국 국왕은 일부 영연방 나라의 국가원수를 지내고 있답니다.

[3] 호주에서도 찰스 3세의 얼굴이 새겨진 새 동전을 유통하고 있어요. 마찬가지로 찰스 3세는 헌법상 호주의 국가원수예요. 호주에는 동전이 총 8가지가 있는데 뒷면에는 호주를 상징하는 동물 등이 새겨졌지만 앞면은 모두 영국 국왕이 새겨졌어요. 단, 호주는 지폐에는 더 이상 영국 국왕의 얼굴을 새기지 않기로 했어요. 대신 호주 **원주민**의 문화와 관련된 그림을 넣을 예정이지요.

 **키워드**

영연방

영국과 영국의 옛 식민지(정치·경제적으로 다른 나라에 속해 국가로서의 권리을 잃은 나라)였던 나라로 이뤄진 연합체예요. 영국을 포함해 호주, 캐나다, 뉴질랜드 등 54개국이 속해 있어요. 영국 국왕은 영국을 비롯해 영연방에 속한 15개국의 국가원수를 겸하고 있어요.

 **상식 점검 퀴즈**

Q. 다음 중 찰스 3세 영국 국왕이 국가원수로 있는 나라가 아닌 것을 고르세요.

① 영국　　　② 호주　　　③ 캐나다　　　④ 프랑스

※정답: ④

한 뼘 더 상식 키우기

엘리자베스 2세 여왕은 영국인들에게 큰 존경을 받았던 국왕이었어요. 왕실이 지나치게 특권을 누린다는 비판을 받아들여 권위를 내려놓고 겸손한 리더십을 보였거든요. 공주일 때 제2차 세계대전(1939~1945년 일어난 세계적 규모의 전쟁)이 일어나자 당시 국왕을 설득해 군대에 스스로 들어갔고, 26세의 어린 나이에 갑작스레 왕의 자리에 오른 뒤에는 대중과도 적극적으로 소통했답니다.

단어 설명

중앙은행 화폐(돈)를 발행하는 일을 하며 한 나라의 금융의 중심이 되는 은행

초상화 사람의 얼굴을 그린 그림

유통 화폐 등이 세상에 널리 통하여 쓰임

국가원수 한 나라에서 으뜸가는 권력을 지닌 사람

원주민 어떤 지역에 원래 살던 사람

37 정말 극단적인 방법만이 최선입니까?

[1] **이산화탄소**의 **배출량**을 줄여 지구온난화의 속도를 늦추자는 주장이 세계 곳곳에서 터져 나오고 있어요. 이 가운데 일부 환경단체는 다소 과격한 행동을 벌이기도 해요. 이들은 "사람들의 관심을 끌어 모으기 위해서는 이 같은 방법 밖에는 없다"고 주장하지요.

[2] 지난 2023년 9월 독일의 수도인 베를린에서 2023 베를린 마라톤 대회가 열렸어요. 이때 마지막 세대라는 환경단체는 선수들이 달려야 하는 도로에 주황색 페인트를 끼얹었어요. 이렇게 행동한 이유에 대해 "2030년까지 화석연료의 사용을 중단하자는 주장을 널리 알리기 위함"이라고 말했어요. 그러나 페인트를 뿌려 대회를 방해했기 때문에 이 단체는 경찰에 체포되었어요.

[3] 2023년 6월에는 환경운동가들이 스웨덴에서 프랑스 출신의 화가 클로드 모네(1840~1926)의 작품에 페인트를 묻히며 **훼손**해 경찰에 붙잡혔어요. 이 나라의 수도 스톡홀름에 있는 국립박물관에는 '화가의 지베르니 정원'이라는 모네의 작품이 있는데 환경운동가들은 그림에 페인트를 묻힌 뒤 "기후변화를 멈추지 않으면 작품 속 정원을 보지 못하게 될 것"이라고 경고했어요. 환경단체가 이렇게 과격하게 행동하면 오히려 메시지의 진정한 의미가 제대로 전달되지 않을 것이라는 지적이 나와요.

화석연료

아주 오래 전 땅속에 묻힌 동식물이 오랜 세월에 걸쳐 변화되며 화석같이 굳어져 만들어진 연료를 말해요. 석탄(불에 잘 타는 돌)이나 석유(불에 잘 타는 기름)가 대표적인 화석연료예요. 화석에너지라고도 하는데, 특히 석유는 현재까지 인류가 이용하고 있는 가장 중요한 에너지 자원이에요. 하지만 화석연료를 태우면서 배출되는 이산화탄소와 같은 물질이 공기를 뜨겁게 만들기에 지구온난화의 주요 원인으로 지목되지요.

상식 점검 퀴즈

Q. 일부 환경단체들이 과격한 시위를 벌이는 이유는 무엇일까요? 글에 언급된 환경단체의 말을 인용(남의 말을 끌어 씀)해 써보세요.

※ 예시: "사람들의 관심을 끌어 환경보호에 대해 생각하게 만들기 위해서입니다."

한 뼘 더 생각 넓히기

일부 환경단체들은 환경보호에 대한 사람들의 관심을 촉구하기 위해 과격한 시위를 벌이고 있어요. 최근에는 한 시위대가 세계에서 가장 유명한 작품인 모나리자에 수프를 끼얹기도 했지요. 환경과 무관한 작품의 행사를 방해하거나 유명 작품을 훼손하는 방식의 시위는 적절하지 않다는 지적이 잇따르는데, 나의 생각을 써보아요.

단어 설명

이산화탄소 대기 중에 존재하는 색깔이 없는 기체. 지구온난화를 일으키는 대표적인 물질이다

배출량 밖으로 내보내는 양

훼손 못 쓰게 만듦

중국에겐 눈엣가시, 미국에겐 눈에 넣어도 안 아플…

[1] 2024년은 '슈퍼 **선거**의 해'라는 말이 나와요. 미국을 비롯해 러시아와 대만, 인도 같은 세계 주요국에서 중요한 선거가 치러졌거나 치러질 예정이기 때문이지요. 선거의 결과에 따라 국제 정치의 흐름이 바뀔 수 있기에 세계인의 관심이 쏠릴 수밖에 없는 상황입니다.

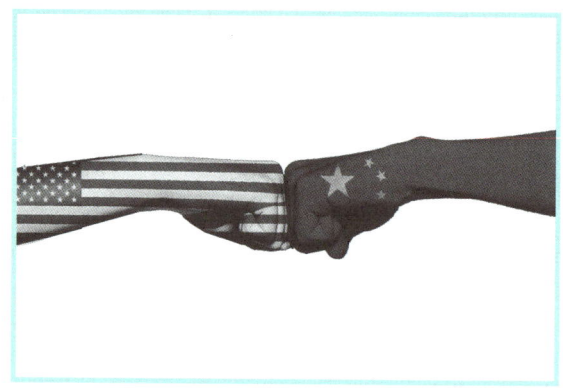

[2] 지난 1월에는 대만에서 **총통**을 뽑는 선거가 치러졌어요. 이 선거에선 중국에 반대하고 미국과 친하게 지내려는 성향의 라이칭더가 **당선**됐어요. 그가 속한 민주진보당은 중국을 견제하기 위해 미국과 긴밀한 관계를 유지하고 있지요. 미국은 이 선거의 결과에 만족스러울 수 있지만 중국 정부는 불편한 심기를 감추지 못하는 것으로 보여요.

[3] 2024년 세계에서 가장 큰 주목을 받는 선거는 11월에 치러질 미국 대통령 선거. 미국은 세계에서 가장 막강한 경제력과 군사력을 가진 나라예요. 우리나라를 비롯한 세계 각국은 미국 대통령이 결정하는 경제 및 정치, 안보 정책에 큰 영향을 받아요. 2024년 미국 대통령 선거에서는 조 바이든 현재 미국 대통령과 지난 2020년 **대선**에서 패배한 뒤 다시 **출마**를 선언한 도널드 트럼프 전 미국 대통령이 맞붙게 됐어요.

 **키워드**

중국과 대만 관계

현재 대만은 과거 중국의 국민당과 공산당이 치른 내전(한 나라 안에서 일어나는 싸움)에서 패한 국민당이 1949년 중국 본토에서 떨어진 섬인 대만으로 들어가 세워졌어요. 이에 중국은 대만을 자기 나라의 일부라고 주장하죠. 대만 총통에 당선된 라이칭더는 "대만은 중국의 일부가 아닌 독립적인 국가"라면서 중국에 맞서는 인물. 미국은 이런 주장을 하는 대만 정치인들을 지지하며 중국을 견제해왔기에 대만 선거는 '미국과 중국의 대리전'이라고도 평가받았어요.

 **상식 점검 퀴즈**

Q. 다음 설명에 해당하는 인물의 이름을 써보세요.

현재 미국의 대통령	대만의 총통에 당선된 인물	2020년 미국 대선에서 패한 전 미국 대통령
①:	②:	③:

※정답: ① 조 바이든 ② 라이칭더 ③ 도널드 트럼프

한 뼘 더 상식 키우기

미국이 대만과 친하게 지내는 이유는 또 있어요. 대만이 세계에서 내로라하는 반도체 강국이기 때문. 모든 전자기기에 들어가는 반도체는 현대 산업의 핵심 부품이에요. 대만의 기업 TSMC는 세계 1위의 비메모리 반도체 생산 전문 기업. 미국은 대만을 비롯해 또 다른 반도체 강국인 우리나라, 일본과 협업해 중국을 고립시키려 해요.

단어 설명

선거 시민들이 투표로 지도자를 뽑는 일

총통 우리나라의 대통령에 해당하는 국가원수

당선 선거에서 뽑힘

대선 대통령을 뽑는 선거. 국회의원을 뽑는 선거는 '총선'이라고 함

출마 선거에 후보로 등록함

39 지구촌 인구 4명 중 1명이 아프리카인? 곧 옵니다!

[1] 2022년, 세계의 **인구**는 처음으로 80억 명을 넘겼어요. 1974년 세계 인구는 지금의 절반 수준인 40억 명이었는데 48년 만에 두 배가 되었지요. 앞으로도 세계의 인구는 지속적으로 늘어날 것으로 보여요. 국제연합(UN·유엔)에 따르면 2037년경 세계 인구는 90억 명이 될 것으로 예상돼요. 2100년까지 인구는 계속 늘어나다가 이후로는 점차 줄어들 것으로 보이지요.

[2] **저출산**이 세계적 현상인데 어떻게 세계의 인구가 늘어나는 것일까요? 아프리카의 나라들이 지금보다 더 잘 살게 되면서 이 지역에서 인구가 폭발적으로 늘어날 것으로 예상돼요. 살림살이가 나아지면 **출산율**은 높아지겠지요. 또 보건·의료 서비스가 개선되어 **영아**의 **사망률**은 줄어드는데 기대수명이 높아지다 보니 2050년까지 아프리카 나라의 인구는 현재보다 2배가량 많아질 것으로 보여요.

[3] 세계의 인구는 늘어나지만 우리나라의 인구는 감소하는 중이에요. 우리나라의 인구는 2020년부터 계속 조금씩 줄어들고 있어요. 새로 태어나는 아기들이 줄고 있기 때문이에요. 만약 이 같은 추세가 이어진다면 우리나라의 인구는 2023년 기준 5133만 명에서 2070년 3800만 명까지 떨어질 거예요.

 **키워드**

기대수명

한 인간이 태어났을 때 앞으로 예상되는 수명(살아 있는 햇수)을 말해요. 사람들이 평균적으로 얼마나 오래 살 것인지를 나타내는 수치지요. 최근 통계청에 따르면 2022년 기준 한국인의 기대수명은 82.7세이지요.

상식 점검 퀴즈

Q. 지구는 크게 6개의 대륙으로 나눌 수 있어요. 6개의 대륙이 무엇인지 조사해 써보아요.

※정답: 아시아, 유럽, 오세아니아, 북아메리카, 남아메리카, 아프리카

한 뼘 더 상식 키우기

미국의 일간신문 뉴욕타임스는 2050년엔 전 세계 인구의 4분의 1이 아프리카인이 될 것이라는 분석을 내놨어요. 1950년만 해도 아프리카 대륙의 인구는 전 세계의 8%에 불과했지만 2050년이 되면 아프리카인이 차지하는 비중이 25%로 늘어날 것으로 예상되지요. 특히 청년층 아프리카인이 폭발적으로 늘면서 앞으로 10년 안에 아프리카는 중국, 인도를 뛰어넘는 세계 최대의 노동력을 갖게 될 것으로 보여요.

단어 설명

인구 특정한 나라, 지역에 사는 사람의 수
저출산 아이를 적게 낳는 현상
출산율 아기를 낳는 비율
영아 어린아이
사망률 특정 인구에 대한 사망자 수의 비율

40 프랑스 식탁을 책임지는 '겉바속촉'의 원조

[1] 우리는 매일 쌀밥을 먹지만 프랑스인들은 매일 이것을 먹어요. 바로 '바게트'라고 불리는 기다랗게 생긴 빵. 바게트는 삼시세끼 프랑스인의 식탁에 오르지요. 아침에는 갓 구운 바게트를 사서 버터와 잼을 듬뿍 발라 먹고,

점심에는 남은 바게트에 햄과 치즈를 곁들여 먹으며, 저녁에는 바게트를 스프에 찍어서 먹는다고 해요. 바게트를 굽고 이것을 즐기는 프랑스인들의 문화는 2023년 유네스코(UNESCO) 세계무형문화유산에 **등재**되기도 했어요.

[2] 하지만 러시아와 우크라이나의 전쟁 이후 밀가루의 **공급**이 어려워져 밀가루 가격이 크게 오르자 바게트를 구워 판매하는 빵집들은 어려움을 겪고 있어요. 바게트를 굽기 위해서는 전기 오븐을 사용해야 하는데, 전기료도 치솟으면서 바게트를 원래 가격에 파는 것이 어려워진 탓에 일부 빵집은 문을 닫을 지경이지요.

[3] 프랑스인들에게 바게트는 누구나 즐길 수 있는 값싼 음식이어야 한다는 인식이 강해요. 그래서 일부 빵집은 바게트의 가격을 올리지 않고 원래대로 개당 1유로(약 1400원) 정도에 판매하고 있어요. 심지어 한 빵집의 주인은 **물가**가 크게 올라 부담을 느끼는 고객들을 위해 한 달간 원하는 만큼만 돈을 내고 바게트를 가져갈 수 있도록 하기도 했어요.

키워드

유네스코(UNESCO) 세계유산

유네스코는 교육, 과학, 문화의 교류를 통해 국가 간의 협력을 추진하는 국제연합(UN·유엔)의 전문기구예요. 이 유네스코는 미래 세대에 전해줘야 할 만한 중요한 가치가 있는 자연이나 문화를 보존하기 위해 세계유산을 지정해요. 유네스코는 문화재나 자연물 외에도 중요한 기록물은 '기록유산'으로, 형태가 없지만 세계 각국의 다양성과 창의성을 담은 문화는 '무형유산'으로 지정하고 있어요.

상식 점검 퀴즈

Q. 프랑스에서 바게트를 구워 판매하는 빵집이 어려움을 겪고 있는 이유로 적절하지 <u>않은</u> 것을 고르세요.

① 빵의 재료가 되는 밀가루 가격

② 전기오븐의 원활한 사용을 어렵게 하는 전기료

③ 손님들을 다 끌어모으는 일부 빵집의 행동

※정답: ③

한 뼘 더 상식 키우기

프랑스인들이 언제부터 바게트를 먹기 시작했는지는 정확히 알려지지 않았어요. 긴 빵은 군인들이 가지고 다니기 쉬워 과거 프랑스의 황제였던 나폴레옹(1769~1821)의 군부대가 만들었다는 설이 있고, 1830년대 오스트리아의 제빵사가 개발했다는 설도 있지요. 오랫동안 사랑받은 빵이지만 최근 프랑스의 젊은 세대가 보다 간편한 식사를 즐기면서 현지에선 미국식 도넛이 바게트의 자리를 위협하고 있다고 하네요.

단어 설명

등재 기록을 올림

공급 요구나 필요에 따라 물건을 제공함

물가 물건의 값

CHAPTER

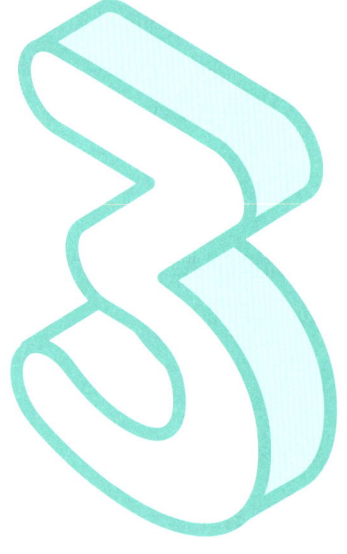

과학 | 기술

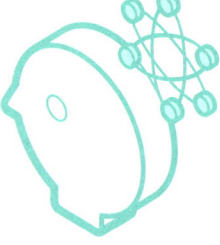

41. 노벨상 메달을 유리벽에 대고 '똑똑'

42. 달을 남김없이 '다~누리'고 있다 오버!

43. 목적지까지 '안전하게' 데려다줄래요?

44. 변기야! 나의 대변을 분석해줘!

45. 변신 로봇은 현실에서도 출동!

46. 빙하, 빙산, 빙붕…? 뭐가 다른 거야?

47. 새 부리처럼 앞을 뾰족하게 만드니 조~용해졌네

48. 색도 없고, 냄새도 없다고 무시하지맛!

49. 스파이더맨처럼 날렵하다고요

50. 실낱같은 빛도 다~ 보인다 보여

51. 아르테미스: 아폴로 오빠! 나도 달로 가게 됐어

52. 에헴! 나도 어엿한 과학계 인물이라고!

53. 옷에 '기술'이라는 진짜 날개가 달렸어요

54. 와앙~ 청소기처럼 싹 빨아들여주마!

55. 인내하고, 인내하고, 또 참아야 하느니라

56. 인터넷 안 되는 비행기에서도 외국인과 대화하세요

57. 조그마한 돌덩이가 무시무시하네!

58. 초속 7㎞? 세상에서 가장 빠른 쓰레기네…

59. 화성으로 이사 갈 사람 모십니다!

60. 휴머노이드로 "빨래~ 끝!"

41 노벨상 메달을 유리벽에 대고 '똑똑'

[1] 노벨상을 수상하는 방식이 시대의 흐름에 맞게 변화해야 한다는 지적이 나왔어요. 미국 뉴욕대의 한 교수는 노벨상이 처음 만들어졌을 당시인 1901년에 비해 지금 학문의 분야가 다양해졌음에도 노벨 과학상은 여전히 △물리학 △생리의학 △화학 등 세 분야에 한해서만 **수여**되고 있다고 지적했어요. 환경이나 컴퓨터, 로봇, 인공지능(AI) 분야에서 성과를 내어도 노벨상을 받지 못하는 과학자가 있다고 지적한 것.

[2] 역대 수상자 가운데 여성이 극히 드물다는 것도 문제로 꼽혀왔는데, 2023년 노벨 수상자 가운데는 여성 과학자, 경제학자 등이 고루 포함돼 눈길을 끌었어요. 2023년 노벨 물리학상 수상자 3명 가운데 하나인 스웨덴 룬드대의 안 륄리에 교수는 역대 다섯 번째로 이 상을 받은 여성이에요. 그는 "열정만 있다면 모든 여성이 과학 분야에서 성과를 낼 수 있다"고 여성 과학자들을 격려했어요.

[3] 2023년 노벨 생리의학상 수상자 중에도 여성 과학자가 포함됐어요. 헝가리 출신의 과학자인 커털린 커리코 독일 바이오엔테크 수석 부사장이 그 주인공. 그는 인류가 코로나19를 극복할 수 있도록 백신을 개발한 **공로**를 인정받았어요. 이밖에도 노벨 경제학상과 평화상 부문에서 여성 수상자가 나와 노벨상의 '**유리천장**'이 깨지는 모습이에요.

노벨상

다이너마이트를 발명한 스웨덴의 과학자인 알프레드 베르나르드 노벨(1833~1896)의 유언에 따라 인류 복지에 기여한 사람이나 단체에 수여하는 상이에요. △생리의학 △물리학 △화학 △문학 △평화 △경제학 여섯 부문에 걸쳐 매년 10월 수상자를 발표하지요. 수상자에게는 약 13억 원의 상금과 금메달, 상장이 주어지며 시상식은 노벨이 사망한 날인 12월 10일에 열려요.

상식 점검 퀴즈

Q. 윗글에서 지적하고 있는 것처럼 다음 중 노벨상의 수상 분야에 포함되지 않아 성과를 내어도 노벨상을 받기 어려운 경우로 가장 적절한 것을 고르세요.

① 사람들이 열광하는 소설을 쓴 소설가

② 평화 운동으로 A국과 B국 사이의 전쟁을 끝낸 정치인

③ 혁신적인 인공지능(AI) 기술을 개발한 과학자

※정답: ③

한 뼘 더 상식 키우기

이미 사망한 연구자는 노벨상을 수상할 수 없다는 규정도 수정이 필요하다는 목소리가 나와요. 노벨상 수상자 중 대부분은 연구에서 성과를 낸 뒤 상을 받기까지 오랜 시간이 걸렸어요. 학계의 검증을 기다리다 수상의 기회를 놓치고 세상을 떠난 학자들에게 상을 줄 수 있도록 규정을 바꿔야 한다는 지적이 나와요.

단어 설명

수여 상을 줌

공로 목적을 이루는 데 들인 노력과 수고

유리천장 여성의 고위직 진출을 가로막는, 보이지 않는 장벽을 이르는 말

42 달을 남김없이 '다~누리'고 있다 오빠!

[1] 2022년 8월 발사된 한국형 달 탐사선인 '다누리'는 같은 해 12월 달의 **궤도**에 진입하는 데 성공했어요. 현재 다누리는 달의 하늘에서 **위성**처럼 궤도를 돌며 달을 관찰하는 임무를 수행하고 있어요. 다누리는 2025년 12월경까지 활동할 수 있을 것으로 기대돼요.

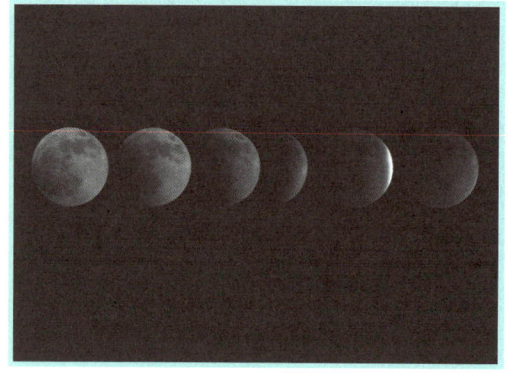

[2] 다누리가 발사된 지 1주년을 맞은 2023년 8월 우리나라의 과학기술정보통신부와 한국항공우주연구원은 다누리가 촬영한 다양한 달 사진을 공개했어요. 다누리는 달에서 태양빛이 영원히 닿지 않는 '영구 음영 지역'을 촬영한 사진을 공개했어요. 다누리에는 섀도우캠이라고 불리는 카메라가 **탑재**됐는데 햇빛이 닿지 않아 어두운 지역도 촬영할 수 있는 기계예요. 미국 항공우주국(NASA·나사)이 이 카메라를 개발했지요.

[3] 이밖에도 다누리는 탑재된 고해상도카메라(LUTI)로 달의 뒷면을 촬영한 사진을 지구로 보내오기도 했어요. LUTI는 우리나라의 기업과 연구진이 제작한 것. 달의 뒷면은 지구에서 망원경으로는 관측할 수 없는 지역으로 우주선을 직접 달이나 달의 궤도로 보내야만 볼 수 있어요. 달의 뒷면에 있는 다양한 모양의 **분화구**가 생생하게 담겨 화제를 모았어요.

영구 음영 지역

'영원히 빛이 닿지 않는 지역'이에요. 달의 자전축(천체가 스스로 회전하는 '자전'을 할 때 중심이 되는 축)은 그 기울기가 1.5도로, 거의 기울어져 있지 않아요. 지구(자전축 기울기 23.5도)는 태양빛을 비스듬하게 받는데, 달은 지구와 달리 태양빛을 수평으로 받지요. 그래서 달의 극지방엔 지구와 달리 태양빛이 절대 닿지 않는 영구 음영 지역이 있어요. 이곳엔 물이 얼음 형태로 존재할 것으로 보여요.

상식 점검 퀴즈

Q. 자전축을 표시해 지구와 달을 그려보세요. 이때 위에서 배운 자전축의 기울기를 바탕으로 서로 다른 기울기를 가진 지구와 달의 자전축도 표현해보세요.

한 뼘 더 상식 키우기

지구에선 달의 한쪽 면만을 관측할 수 있어요. 왜 달은 뒷면을 보여주지 않을까요? 달이 지구의 둘레를 도는 '공전'(한 천체가 다른 천체의 둘레를 도는 것) 주기와 스스로 도는 '자전'(천체가 고정된 축을 중심으로 스스로 회전함) 주기가 같기 때문이에요. 즉, 달이 지구의 둘레를 한 바퀴 도는 시간만큼 달 스스로도 한 바퀴 자전을 하기 때문에 달은 늘 지구에 똑같은 면만을 보여주는 것이지요.

단어 설명

궤도 행성, 인공위성 등이 다른 천체의 주위를 돌면서 그리는 일정한 곡선의 길
위성 행성 주위를 도는 천체
탑재 물건을 실음
분화구 가스, 불 등이 나오며 생긴 구멍

43 목적지까지 '안전하게' 데려다줄래요?

[1] 차에 운전자가 없어도 목적지까지 알아서 이동하는 자율주행차 기술이 눈부신 속도로 발전하고 있어요. 2023년 미국 서부 캘리포니아 주 샌프란시스코에선 운전자 없이 스스로 이동하는 택시가 24시간 내내 도시를 누빌 수 있도록 **허가**되기도 했지요. 이는 세계 최초예요.

[2] 도시에서 **무인** 자율주행차를 운영하는 것에 대한 비판의 목소리도 나와요. 자율주행 기술이 아직까지 완벽하지 않아 안전하지 않다는 것. 실제로 캘리포니아에서 자율주행 택시는 크고 작은 사고를 냈어요. 미국의 자동차 기업 제너럴모터스(GM)의 **자회사**인 '크루즈'의 자율주행 택시는 사람을 치어 다치게 하거나 소방차와 충돌하는 등 잇따라 사고를 내면서 2개월 여 만에 운행이 중단되기도 했어요.

[3] 자율주행 택시가 도로를 **혼잡**하게 만든다는 주장도 나와요. 자율주행 택시는 사람과는 달리 예상 밖의 상황에 빠르게 대처하지 못해요. 예를 들어 갑작스럽게 **차선**을 바꾼 차량을 피하지 못하고 들이받는 등의 사고가 전보다 자주 발생하고 있지요. 이로 인해 도로가 꽉 막히게 되었다는 지적이 나와요.

키워드
자율주행차

사람의 조작 없이도 스스로 달리는 자동차를 말해요. 자율주행 기술은 운전자가 어느 정도 개입을 하느냐에 따라 1~5단계로 나뉘어요. 1~2단계는 차가 운전자를 보조하는 수준의 단계. 3단계는 차가 자율주행 할 수 있는 단계지만 운전자가 항상 대기해야 해요. 4단계는 대부분의 상황에서 운전자의 개입이 필요 없는 단계이고, 5단계에 이르면 차에 운전석이 없어도 될 만큼 완전한 자율주행 단계예요.

상식 점검 퀴즈

Q. 세계 최초로 자율주행 택시의 24시간 주행이 허가된 도시는 어디인지 찾아 써보세요.

※정답: 샌프란시스코

한 뼘 더 생각 넓히기

자율주행 택시의 운행을 찬성하는 사람들은 "사람이 운전하는 차량보다 훨씬 안전하다"고 주장해요. 감정에 큰 영향을 받는 인간 운전자와 달리 자율주행차는 늘 한결같은 모습으로 운행한다는 것. 시각장애인, 아이와 함께 택시에 탄 부모 등 그동안 사람이 모는 택시에서 차별을 경험한 사람들은 특히 더 찬성하는 입장이지요. 자율주행 택시에 대한 나의 의견은 어떤지 써보세요.

단어 설명
허가 일을 하도록 허락함
무인 사람이 없음
자회사 큰 회사의 지배 아래에 있는 회사
혼잡 매우 어수선하고 떠들썩함
차선 자동차 도로에 주행 방향을 따라 일정한 간격으로 그어 놓은 선

44 변기야! 나의 대변을 분석해줘!

[1] 미국 하버드대의 유머 과학잡지(AIR)는 1991년부터 매년 이그노벨상을 주는 행사를 열고 있어요. 이그노벨상은 '**품위**가 없는'이라는 뜻을 가진 영어 단어인 '이그노블(ignoble)'에서 따온 '이그(ig)'와 노벨상을 합쳐 만든 말이에요. 과학자들에게 상을 준다는 점에서는 노벨상과 비슷하지만 웃기고 황당한 연구를 한 사람들을 선정해 **시상**한다는 점이 다르지요.

[2] 2023년 이그노벨상의 수상자로 한국 출신의 과학자가 선정돼 화제를 모았어요. 미국의 명문 스탠퍼드대 의대 비뇨기의학과의 박승민 박사는 변기를 이용하는 환자들의 건강 상태를 분석하는 기술을 개발해 공중보건 분야에서 상을 받았어요. 박 박사가 개발한 변기는 이용자가 대변을 보면 그것의 색깔과 크기, 성분 등을 자세히 분석한 뒤 어떤 질병을 가졌는지 진단할 수 있어요.

[3] 2023년 영양 분야에서는 일본의 도쿄대와 메이지대 공동 연구진이 이그노벨상을 받았어요. 이들은 짠맛과 신맛 등 특정한 맛을 강하게 느낄 수 있게 돕는 젓가락을 개발해 **수상**했어요. 이 젓가락을 이용하면 실제로 음식에 소금을 많이 넣지 않았음에도 우리의 뇌가 짠맛을 풍부하게 느낄 수 있다고 해요. 젓가락이 혀에 전기 자극을 주어서 짠맛을 강하게 느끼도록 돕는 원리이지요.

이그노벨상

기발한 연구나 업적에 대해 주는 상으로, 1991년부터 시작됐어요. 평화, 물리학, 문학, 생물학, 의학, 수학 등 총 10개 분야에서 매년 10월경 노벨상 발표에 앞서 시상하지요. 헬리콥터를 타고 고래 콧물을 모은 과학자, 사흘 간 염소로 산 생물학자, 문의 손잡이를 돌리는 데 필요한 손가락 개수가 몇 개인지 확인한 공학자 등 기발한 연구를 한 과학자에게 주어져요.

상식 점검 퀴즈

Q. 앞서 살펴본 '시상'과 '수상'의 뜻을 익혀보고, 다음 빈칸에 들어갈 말을 써보세요.

- 선생님은 "우수한 결과를 낸 학생들에게 ○○을 하겠다"고 말씀하셨다.

- 그 배우는 □□ 소감을 밝히며 "팬들에게 감사하다"고 밝혔다.

※ 정답: 시상, 수상

한 뼘 더 상식 키우기

프랑스의 조각가 오귀스트 로댕(1840~1917)은 '생각하는 사람'이라는 유명한 조각품을 남겼어요. 한 사람이 의자에 앉아 턱을 괴고 고민에 빠져 있는 모습이지요. 이그노벨상의 상징은 이 작품을 익살스럽게 패러디한 그림이에요. 작품 속 인물이 옆으로 넘어진 것처럼 보이게 만든 것으로, 그 이름은 '냄새나는 사람'이라네요.

단어 설명

품위 사회 구성원들이 갖춰야 한다고 여겨지는 교양, 기품

시상 상장, 상금, 상품을 줌

수상 상을 받음

45 변신 로봇은 현실에서도 출동!

[1] 애니메이션에는 필요에 따라 겉모습을 자유자재로 바뀌는 로봇이 자주 등장해요. 마치 일본 만화 영화 '건담'에서나 볼 수 있을 법한 이 같은 장면을 현실에서도 볼 수 있게 됐어요. 2023년 일본에서 높이 4.5m, 무게 3.5t(톤)짜리의 거대한 로봇 '츠바메 아칵스'가 공개됐어요. 츠바메 아칵스는 평소에는 두 다리로 우뚝 서서 **위엄**을 뽐내는 로봇처럼 생겼어요. 그런데 필요시에는 자동차로 겉모습을 바꿀 수 있어요. 로봇의 두 다리가 벌어지면서 다리 부분에 달려 있던 바퀴가 나와요. 자동차로 변신한 로봇은 최대 **시속** 10㎞로 달릴 수 있어요.

[2] 평소에는 네 바퀴로 달리다가 겉모습을 바꿔 하늘을 나는 로봇도 개발됐어요. 미국 캘리포니아공대 연구진은 국제학술지 네이처 커뮤니케이션에 이 같은 로봇을 개발했다고 2023년 발표했어요. 이들이 개발한 로봇은 'M4'라 불리는데 평소에는 자동차처럼 이동하다가 바퀴를 수평으로 접으면 하늘을 나는 무인기(드론)가 되지요. 바퀴가 마치 프로펠러처럼 빠른 속도로 돌면서 **몸체**가 공중에 뜨는 방식.

[3] 포장된 도로에서는 바퀴로 달리다가 모래가 나오면 마치 **갈고리** 같이 생긴 장치를 꺼내 이동하는 로봇도 개발됐어요. 미국 조지아공대 연구진은 도로의 상태에 따라 발 모양을 스스로 바꾸는 로봇을 선보이기도 했어요.

 **키워드**

건담

1979년 일본에서 선보인 만화 영화 '기동전사 건담'에 등장하는 로봇. 40년 넘게 건담과 관련한 로봇 시리즈가 꾸준히 등장하며 전 세계적인 팬층을 거느리고 있어요. 특히 건담 로봇 피규어는 수많은 '키덜트'들의 수집욕을 자극하며 높은 가격에 거래되기도 해요. '키덜트'는 키드(kid·어린이)와 어덜트(adult·어른)의 합성어로, 어른이 됐는데도 어릴 적 향수를 자극하는 장난감 등에 열광하는 성인들을 가리키는 말이에요.

상식 점검 퀴즈

Q. 다음 중 윗글에서 언급된 변신 로봇의 사례가 <u>아닌</u> 것을 고르세요.

① 자전거에서 자동차로 변하는 로봇

② 자동차에서 비행기로 변하는 로봇

※ 정답: ①

한 뼘 더 생각 넓히기

미래에는 어떤 로봇이 개발돼 우리 삶에 도움을 줄 것 같나요? 내가 개발하고 싶은 로봇을 그려보고, 그 로봇이 인간에게 어떤 도움을 줄지도 써보아요.

단어 설명

위엄 점잖고 엄숙한 태도

시속 1시간을 단위로 해 잰 속도. 시속 10km는 1시간에 10km를 이동할 수 있는 속도

몸체 물체의 몸이 되는 부분

갈고리 끝이 뾰족하고 꼬부라진 물건

빙하, 빙산, 빙붕…? 뭐가 다른 거야?

[1] 남극과 북극 환경을 연구하는 극지연구소가 남극 장보고과학기지에서 시작해 남극 **내륙**에 이르는 1512㎞의 **육상 루트**를 찾아냈어요. 남극의 내륙을 탐사할 수 있는 인력과 기술력을 가진 나라는 세계적으로 매우 드물어요.

[2] 정부는 2032년까지 남극의 내륙에 **기지**를 짓겠다는 목표를 가졌어요. 우리나라는 남극 대륙으로부터 떨어진 킹조지섬에 지난 1988년 세종과학기지를 세웠고 지난 2014년에는 남극 대륙의 남부 해안에 장보고과학기지를 세웠어요. 하지만 남극 내륙에는 아직 기지를 짓지 못하고 있어요. 남극 내륙에는 빙하가 갈라져 생긴 틈인 크레바스가 많아서 기지를 짓는 게 쉽지 않고 날씨도 매우 척박해 일상생활을 하기 위해서는 철저한 준비가 필요해요.

[3] 그럼에도 남극 내륙을 탐사하는 기지를 짓는 이유는 무엇일까요? 남극 내륙은 수천만 년간 인류의 손길이 닿지 않은 지역. 지구의 과거 기록이 그대로 담긴 지역이라 탐사할 가치가 큰 것으로 알려져요. 우리나라는 남극 내륙에 기지를 건설하면 약 3000m 깊이에 있는 빙하를 끌어올려 다양한 연구를 진행한다는 계획입니다. 빙하를 분석하면 과거 지구의 기후가 어땠는지를 알 수 있지요. 뿐만 아니라 이제껏 과학자들에게 알려지지 않은 생명체도 탐사하게 될 것으로 보여요.

 **키워드**

빙하와 해빙

남극과 북극 같은 극지방의 얼음덩어리는 크게 해빙(바닷물이 얼어 만들어진 것)과 빙하(민물이 얼어 만들어진 것)로 나뉘어요.
빙하는 다시 '빙상'과 '빙붕'으로 구분돼요. 빙상은 땅을 넓게 덮고 있는 얼음덩어리로, 주로 남극에 넓게 펼쳐져 있어요. 이 빙상이 길게 바다까지 이어져 있는 부분이 바로 빙붕으로, 빙상의 '보호막' 역할을 하지요. 이런 빙상과 빙붕에서 떨어져 나와 바다에 둥둥 떠다니는 것이 바로 '빙산'이랍니다.

 **상식 점검 퀴즈**

Q. 다음 단어를 그 뜻과 연결해보세요.

① 해빙　　　　　　㉠ 민물이 얼어 만들어진 것

② 빙하　　　　　　㉡ 땅을 넓게 덮고 있는 얼음덩어리

③ 빙상　　　　　　㉢ 빙상·빙붕에서 떨어져 나온 것

④ 빙붕　　　　　　㉣ 바닷물이 얼어 만들어진 것

⑤ 빙산　　　　　　㉤ 빙상의 보호막 역할을 하는 것

※정답: ①-㉣, ②-㉠, ③-㉡, ④-㉤, ⑤-㉢

한 뼘 더 상식 키우기

해빙, 빙붕, 빙산은 이미 바닷물에 떠 있는 얼음덩어리. 이에 이들이 녹더라도 해수면의 높이가 크게 변하진 않아요. 하지만 '빙상'은 육지 위에 펼쳐져 있는 얼음덩어리! 이것이 녹아 바다로 흘러들어가면 해수면이 높아질 수 있답니다.

 **단어 설명**

내륙 바다에서 멀리 떨어져 있는 육지

육상 루트 육지 위를 지나는 길

기지 군대, 탐험대 등의 활동의 기점이 되는 근거지

새 부리처럼 앞을
뾰족하게 만드니 조~용해졌네

[1] 우리나라에서 서유럽이나 미국을 가기 위해서는 적어도 10시간 동안 비행기를 타야해요. 그런데 서울에서 미국 동부에 있는 뉴욕까지 단 7시간 만에 이동할 수 있는 비행기가 2024년 1월 공개됐어요. 현재는 서울에서 뉴욕까지 비행기로 평균 14시간이 걸리지요.

NASA 제공

[2] 미국 항공우주국(NASA·나사)은 미국의 항공우주 회사인 록히드마틴과 함께 개발 중인 여객기 'X-59'를 선보였어요. **군사용**이 아니라 여행객을 실어 나르기 위한 목적으로 개발되는 X-59는 1시간당 1490㎞를 이동할 수 있어요. X-59는 소리가 이동하는 속도인 시속 1235㎞보다 빠르게 이동할 수 있기에 초음속 비행기로 분류되지요.

[3] 일반적으로 초음속 비행기가 날 때는 엄청난 소음이 발생해요. X-59는 이 같은 문제를 해결한 항공기라는 점에서 주목 받고 있어요. 속도는 기존의 비행기에 비해 두 배가량 빠른데 소음은 획기적으로 줄여 **차세대 여객기**라는 평가가 나와요. 소음을 해결하기 위해 X-59는 매우 독특한 형태로 제작됐어요. 비행기의 앞부분이 바늘처럼 뾰족하고 길게 설계된 것이지요. 공기의 **저항**을 줄여 소음을 낮추기 위함이에요. 조종석도 뾰족하게 생긴 구조물 뒤쪽에 위치했어요.

 **키워드**
초음속

1시간을 단위로 해 잰 속도를 '시속'이라고 해요. '시속 100㎞'라고 하면 1시간 동안 100㎞를 갈 수 있는 속도라는 뜻이지요. 소리는 시속 1235㎞로 이동해요. 이게 바로 '음속'(소리의 속도). 음속을 '마하'(마하1은 시속 1235㎞)라고도 표현하는데, 음속보다 빠른 속도가 바로 '초음속'이에요.

 **상식 점검 퀴즈**

Q. 우리나라의 A 도시에서 B 도시까지의 거리가 300㎞라고 해봅시다. 이 거리를 차를 타고 이동했더니 5시간이 걸렸어요. 차는 시속 몇 ㎞로 이동했는지 계산해 답을 써보세요.

※정답: 시속 60㎞

한 뼘 더 상식 키우기

고속열차는 시속 200㎞ 이상의 속도로 달려요. 일본의 대표적인 고속열차인 '신칸센'도 X-59처럼 앞부분이 바늘처럼 뾰족하게 설계됐어요. 마치 새의 부리 같지요. 신칸센도 처음에 만들어질 당시 공기의 저항을 많이 받아 소음이 발생하는 문제가 있었어요. 그래서 새의 부리처럼 앞부분을 뾰족하게 만들었더니 공기 저항이 줄어 소음은 줄이고 속도는 높일 수 있었답니다.

> **단어 설명**
>
> **군사용** 군대에 관한 일에 쓰임
>
> **차세대** 다음 세대
>
> **여객기** 승객을 태워 나르는 비행기
>
> **저항** 물체의 운동 방향과 반대 방향으로 작용하는 힘

48 색도 없고, 냄새도 없다고 무시하지맛!

[1] 비행기는 이동수단 가운데 이산화탄소를 가장 많이 **배출**해요. 같은 거리를 이동한다고 가정할 때 비행기는 기차보다 20배 많은 온실가스를 발생시켜요. 상황이 이렇다 보니 항공업계는 비행기가 배출하는 이산화탄소량을 줄이기 위해 새로운 기술을 개발하고 있어요.

[2] 이 가운데 독일에서 수소로 만든 전기로 비행기를 날게 하는 시험이 세계 최초

로 성공을 거둬 눈길을 끌어요. 2023년 독일의 H2fly라는 기업은 **액체** 형태의 수소를 연료로 하는 4인용 비행기를 띄우는 시험에 성공했어요. 수소는 냄새와 색깔이 없으며 **실온**에서는 **기체**의 형태로 존재하는 물질이에요. 수소를 산소와 **결합**시키면 화학적 반응이 일어나면서 전기 에너지가 만들어져요. 이같은 방식으로 만들어진 에너지로 비행기를 날게 하면 이산화탄소가 발생하지 않아 수소는 '꿈의 에너지'라 불리지요.

[3] 하지만 치명적인 한계가 있어요. 수소를 대량으로 생산하는 방식이 발전하지 않았다는 것. 수소는 우주에는 풍부하지만 지구상에서는 쉽게 찾아보기 힘든 자원이에요. 수소를 연료로 활용하기 위해서는 대량으로 생산해야 하는데, 그 과정이 매우 까다로워요. 생산한 수소를 옮기는 것도 문제예요. 기체 형태의 수소는 폭발성이 강해 조심스럽게 다뤄야 하지요.

# 키워드

온실가스

지구 대기(공기)를 오염시켜 '온실효과'를 일으키는 가스를 말해요. 지구를 둘러싸고 있는 대기는 뜨거운 태양빛으로부터 지구를 보호하고 산소를 공급하는 등의 역할을 해요. 그중에서도 지구 표면의 열이 우주로 방출되는 것을 막아 지구 온도를 따뜻하게 유지하는 역할도 하는데 이를 '온실효과'라고 하지요. 하지만 이것이 과하면 지구의 온도가 비정상적으로 높아지는 '지구온난화' 현상이 나타나요. 이산화탄소, 메탄가스와 같은 것이 지구온난화를 일으키는 대표적인 온실가스예요.

상식 점검 퀴즈

Q. 다음 빈칸에 들어갈 말을 써보세요.

> 수소는 냄새와 색깔이 ○○○ 실온에서는 □□의 형태로 존재하는 물질이다. 수소를 △△와 결합시키면 화학적 반응이 일어나면서 전기 에너지가 만들어진다.

※정답: 없으며, 기체, 산소

한 뼘 더 상식 키우기

비행기가 운항할 때 나오는 온실가스를 줄이기 위해 '바이오 항공유'가 주목받고 있기도 해요. 바이오 항공유는 버려지는 식용유, 동물의 지방 부위 등을 모아 발효시키는 방식으로 만든 비행기 연료랍니다.

단어 설명

배출 밖으로 내보냄
액체 부피는 있으나 일정한 모양을 가지지 않는 물질. 어떤 그릇에 담는지에 따라 모양이 달라짐
실온 평상시의 온도
기체 공기처럼 일정한 모양과 부피를 가지지 않는 물질
결합 둘 이상을 뭉치거나 합침

49 스파이더맨처럼 날렵하다고요

[1] 한국과학기술원(KAIST·카이스트)이 개발한 네 발 달린 로봇 개 '하운드(Hound)'가 100m를 19.87초에 달리는 기록을 세웠어요. 1초에 5m, 1시간에 18.12㎞를 달리는 속도예요. 빠르게 달릴 수 있도록 발의 무게를 가볍게 설계한 덕분. 하운드는 앞으로 복잡한 지형을 빠르게 오가며 사람을 구조하는 것과 같은 임무에 쓰일 것으로 보여요.

[2] 하운드와 같은 로봇 개가 본격적으로 개발되기 시작한 건 '스팟(Spot)'이라는 로봇이 등장하면서예요. 우리나라의 현대자동차그룹이 **인수**한 미국 기업 보스턴 다이내믹스가 개발한 '스팟'은 2023년 미국 동부 대도시 뉴욕에서 경찰견으로 활약하기도 했어요. 이처럼 인간을 돕는 로봇 개가 점점 **상용화**되는 모습이에요. 로봇 개는 발이 네 개가 달려 안정적으로 이동할 수 있어 **산업** 현장에서 활용도가 높아요.

[3] 카이스트는 스파이더맨처럼 벽에 찰싹 달라붙어 이동하는 로봇 개 '마블(MARVEL)'을 개발하기도 했어요. 발바닥에 자석의 성질을 가진 부품을 넣어 로봇의 발이 철로 이루어진 벽이나 천장에 딱 달라붙도록 한 거예요. **철골** 구조의 건물, 다리 등 건설 현장에서 활용될 것으로 기대돼요.

 **키워드**

보스턴 다이내믹스

우리나라 현대차그룹 아래의 로봇 기업으로, 미국 매사추세츠공대(MIT)의 로봇 공학자 마크 레이버트 교수가 만든 기업이에요. 로봇 개 '스팟'을 공개한 이후 전 세계적인 주목을 받았어요. 이전까지 개발된 로봇은 두 다리로 평지만 느릿느릿 걷는 움직임을 보였는데, 스팟은 네 다리로 평지는 물론 계단도 자유롭게 오가거나 춤을 추는 모습도 보이며 놀라움을 줬어요.

상식 점검 퀴즈

Q. 다음 중 로봇 개 '마블(MARVEL)'이 투입되기에 적합한 현장을 골라 보세요.

① 도로를 아스팔트로 포장하는 공사 현장

② 큰 배를 만드는 제조 현장

③ 산에서 땅을 파내는 건설 현장

※정답: ②

한 뼘 더 생각 넓히기

일반인과 비슷한 속도로 달릴 수 있는 로봇 개 '하운드(Hound)'는 인간을 도와 어떤 일을 할 수 있을까요? 하운드의 능력이 필요한 곳을 상상해 자유롭게 써보세요.

단어 설명

인수 물건, 권리를 넘겨받음

상용화 일상적으로 널리 쓰임

산업 인간의 생활을 풍요롭게 하기 위해 물건이나 서비스를 생산하는 사업

철골 철 소재로 된 건축물의 뼈대

실낱같은 빛도 다~ 보인다 보여

50

[1] 유럽우주국(ESA)은 2023년 7월 유클리드 우주망원경을 성공적으로 발사했어요. 이로써 인류는 미국 항공우주국(NASA·나사)의 제임스웹 우주망원경(JWST)과 함께 우주의 **기원**을 밝힐 또 하나의 눈을 갖게 됐다는 평가가 나와요.

[2] 유클리드 망원경은 지구에서 약 150만㎞ 떨어진 지점에 도착해 **관측** 임무를 수행 중이에요. 유클리드 망원경은 2029년까지 암흑에너지와 암흑물질을 찾는 임무를 수행하지요. 암흑에너지와 암흑물질은 각각 우주의 70%, 25%를 차지하는 것으로 알려졌지만, 현대의 과학으로는 이것이 정확히 어떤 물질인지 밝혀지지 않았어요. 유클리드 망원경은 이 같은 암흑에너지와 암흑물질을 연구하기 위해 특별히 설계됐지요.

[3] 유클리드 망원경을 발사한 ESA는 이 망원경이 촬영한 사진 5장을 2023년 11월 공개했어요. ESA는 "유클리드 망원경은 다른 우주망원경에 비해 넓은 지역을 촬영할 수 있는데다가 선명하게 관측하는 것도 가능하다"고 설명했어요. 뿐만 아니라 다른 망원경에 비해 촬영하는 데 걸리는 시간도 짧다는 평가를 받아요. 우리가 생각하는 것 이상으로 매우 넓은 우주를 세세하게 관측하는 데 유클리드 망원경이 중요한 역할을 하게 될 것으로 기대됩니다.

 키워드

제임스 웹 우주망원경(JWST)

2021년 12월 발사된 우주망원경이에요. 1990년부터 30년 넘게 우주를 누빈 허블 우주망원경의 뒤를 잇는 차세대 우주망원경이지요. 허블 우주망원경은 10억 광년(1초에 30만㎞를 가는 '빛의 속도'로 1년 동안 나아가는 거리) 떨어진 곳을 관측할 수 있지만 제임스 웹 우주망원경은 135억 광년 떨어진 곳까지 관측할 수 있어요. 제임스 웹 우주망원경은 우주의 실낱같은 빛도 자세히 관찰하며 우주의 기원을 파헤치는 '인류의 눈'이 되어 주고 있지요.

 상식 점검 퀴즈

Q. '실낱'은 <한 가닥의 실>을 뜻하는 말이에요. 이를 토대로 '실낱같다'의 뜻을 유추해봤을 때 가장 적절한 것을 고르세요.

① 쓸모가 있다

② 아주 가늘다

③ 부드럽다

※정답: ②

한 뼘 더 상식 키우기

보통 우주망원경은 어두운 우주에서 빛을 포착하기 위해 거울을 달고 있는 게 일반적인데요. 제임스 웹 우주망원경에 달린 거울은 허블 우주망원경에 달린 거울의 2.7배 크기! 정육각형 모양의 거울 18개가 합쳐져 있는 모양이지요. 거울은 로켓에 실을 때는 우산처럼 접었다가 우주에 도착한 뒤 활짝 펼쳤어요. 접었을 때 남는 공간 없이 면적을 최대한 활용하기 위해 정육각형 거울을 이어 붙인 것이랍니다.

단어 설명

기원 사물이 발생한 근원

관측 자연 현상을 관찰해 그 움직임을 측정함

51 아르테미스: 아폴로 오빠! 나도 달로 가게 됐어

[1] 1969년 인류는 최초로 달에 발을 내딛는 데 성공했어요. 그로부터 50년이 훌쩍 지난 현재, 인류는 다시 달에 가기 위해 몸부림치고 있어요. 미국 항공우주국(NASA·나사)은 1972년 이후 중단된 **유인** 달 탐사를 추진하고 있지요.

[2] NASA는 '아르테미스'라는 이름의 달 탐사를 추진 중인데, 이는 1960~1970년대 미국의 달 탐사 프로젝트인 아폴로 계획의 뒤를 잇는 성격을 띠어요. 아르테미스 계획은 총 3단계에 걸쳐 진행돼요. NASA는 2022년 12월 1단계 계획을 성공시켰어요. 우주선과 로켓을 쏘아 올려 기능을 점검한 것. 2단계 계획은 2025년 9월에 수행하고 3단계 계획은 2026년 9월에 진행돼요. 2단계에서는 우주비행사 4명을 태운 탐사선을 달의 궤도로 보내고 3단계에서는 우주비행사들이 마침내 달의 표면을 밟게 될 것으로 보여요.

[3] 그동안은 정부의 기관이 이끄는 달 탐사가 이어졌는데 최근 들어 **민간** 기업이 달에 **착륙선**을 활발하게 보내는 모습이에요. 미국의 민간 우주 기업인 아스트로보틱은 2023년 1월 달에 착륙선을 보냈어요. 착륙선의 이름은 '페레그린'. 비록 연료가 심각하게 새어나가는 사고가 발생하면서 페레그린은 임무를 수행할 수 없게 됐지만 민간에서도 달 탐사를 시도했다는 점에서 의미가 있어요.

아폴로 계획

NASA가 추진한 인류의 달 착륙 프로젝트를 말해요. 1961년부터 계획이 시작돼 1969년 7월 21일 아폴로11호가 세계 최초로 우주인을 달 표면에 착륙시키는 데 성공했지요. 1972년 12월, 여섯 번째로 달에 착륙한 아폴로17호를 끝으로 계획은 종료됐어요. 아폴로11호에서 내려 인류 최초로 달에 발을 내디딘 우주비행사 닐 암스트롱은 당시 "이것은 한 사람에게 있어선 작은 발걸음이지만 인류에게 있어선 하나의 거대한 도약이다"라고 말했지요.

상식 점검 퀴즈

Q. 인류 최초로 달에 첫 발을 내딛은 사람의 이름을 써보세요.

※정답: 닐 암스트롱

한 뼘 더 상식 키우기

'아르테미스'라는 이름은 그리스 신화 속 달의 여신에서 따왔어요. 아르테미스는 태양의 신 '아폴로'의 쌍둥이 여동생. 결국 '아르테미스'라는 프로젝트는 1969년부터 1972년까지 우주비행사 12명을 달에 보낸 NASA의 '아폴로 프로젝트'의 뒤를 잇는다는 취지이지요.

단어 설명

유인 사람이 있음

민간 정부기관에 속하지 않음

착륙선 행성 등의 표면에 내리는 우주선

에헴! 나도 어엿한 과학계 인물이라고!

[1] 국제학술지 '네이처'가 해마다 선정하는 2023년 과학계 인물(네이처 10)에 '챗GPT'가 이름을 올렸어요. 챗GPT는 미국의 인공지능(AI) 기업 오픈AI가 개발한 AI 채팅 로봇. 네이처10에 사람이 아닌 기술이 선정된 건 이번이 처음이에요. 네이처는 "비록 사람은 아니지만 과학 발전의 증거가 된다"고 선정 이유를 밝혔어요.

[2] '챗GPT'에서 '챗'은 채팅의 줄임말이고 'GPT'는 미리 학습한 지식을 바탕으로 행동하는 AI라는 뜻이에요. 챗GPT는 시와 소설을 쓰는 것은 물론이고 의사와 변호사가 되기 위한 사람들이 보는 시험의 답안도 쓰는 등 놀라운 능력을 보여 주목을 받았어요. 자료 조사나 실험 결과를 정리하는 데도 쓰여 과학자들의 **논문** 준비에 도움을 주기도 하지요. 챗GPT 같이 콘텐츠를 새롭게 **생성**하는 AI를 '생성형 AI'라고 해요.

[3] 챗GPT를 활용할 때 주의를 기울여야 한다는 의견도 있어요. 챗GPT가 답한 내용은 마치 사실처럼 그럴듯 해 보이는 가짜일 수도 있기 때문이에요. 오류가 있는 데이터를 학습했을 경우 잘못된 답변을 내놓을 수도 있지요. 특히 과학자들이 챗GPT의 답변을 활용할 때 비판적으로 검토해야 하는 이유예요. 뿐만 아니라 과학자들은 챗GPT가 다른 사람의 연구 등을 **표절**하여 답했을 우려가 있기에 챗GPT를 제한적으로 활용해야 돼요.

 **키워드**

네이처(Nature)

1869년 영국에서 창간된, 세계에서 가장 오래된 과학 학술지로, 생명과학 분야를 비롯해 물리, 화학, 지구과학 등 모든 과학 영역을 다루는 종합 과학 학술지예요. 미국의 또 다른 과학 학술지인 '사이언스'와 함께 세계 최고 권위의 과학 학술지로 꼽혀요.

상식 점검 퀴즈

Q. 챗GPT에게 다음과 같은 질문을 던지려고 합니다. 챗GPT가 답변할 수 있는 질문이 아닌 것을 고르세요.

① "어린이들이 주인공으로 등장하는 소설을 지어줄래?"

② "변호사 자격 시험에 출제된 이 문제에 대해 답해볼래?"

③ "지난달 네이처 학술지에 어떤 연구가 나왔는지 정리해 알려줘"

④ "맛있는 딸기 아이스크림을 만들어줘"

※ 정답: ④

한 뼘 더 생각 넓히기

과학자들이 연구를 수행할 때 챗GPT를 활용하는 것을 어떻게 생각하나요? 연구 시간을 획기적으로 줄여줘 과학 발전에 도움이 된다는 의견이 있는 반면에 과학자들의 창의성을 떨어뜨리고 표절 위험을 높일 것이라는 의견도 있어요. 나는 어떤 의견에 동의하는지 써 보아요.

단어 설명

논문 학술적인 연구 결과를 체계적으로 적은 글

생성 사물이 생겨남

표절 남의 작품의 일부를 몰래 따다 씀

53 옷에 '기술'이라는 진짜 날개가 달렸어요

[1] 패션 분야에서 많은 사람들의 **이목**을 집중시키기 위해 첨단 기술을 도입하는 모습이에요. 2023년 미국의 컴퓨터 소프트웨어 업체인 어도비는 자유자재로 무늬가 바뀌는 드레스를 공개했어요. 처음에는 은색으로 아무런 무늬가 없었지만 몸을 움직이면 드레스에 무늬가 나타나는 방식. 사실 이 드레스는 작은 **디스플레이** 조각을 여러 개 이어 붙여 만든 '디지털 드레스'예요. 드레스를 이루는 조각에는 사람의 움직임에 반응하는 센서가 붙어 특정 자세를 취할 때마다 무늬가 바뀌는 원리예요.

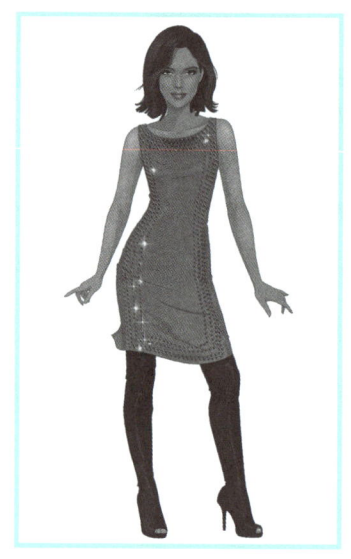

[2] 프랑스의 명품 브랜드인 코페르니는 뿌리기만 하면 **섬유**로 변하는 스프레이를 개발해 2022년 선보였어요. 코페르니는 파리 패션쇼에서 무대에 선 모델의 몸에 스프레이를 뿌려 이 같은 기술이 실제로 활용될 수 있다는 것을 증명했어요. 스프레이 안에 들어있는 물질은 사람의 몸에 닿으면 수분이 날아가면서 부드러운 섬유로 변해요.

[3] 입체(3D) 프린팅 기술을 활용해 패션 소품을 제작하는 시도도 활발히 이뤄지고 있어요. 2018년 세워진 브리즘이라는 우리나라의 회사는 3D 프린터를 활용해 개개인의 얼굴형과 취향에 딱 맞는 안경을 제작해 판매하고 있어요. 이 회사는 세계 최대의 가전제품 박람회인 'CES'에서 혁신상을 받기도 했지요.

 키워드

3D 프린터

종이에 문자나 그림을 인쇄하는 프린터가 아니라 입체적인 물체를 뽑아내는 프린터를 말해요. 3D 프린터에는 잉크 대신에 플라스틱과 같은 물체를 만들 수 있는 재료가 들어가 있어요. 미리 설계된 도안에 따라 프린터에서 플라스틱 물질이 나오면서 물질이 층층이 쌓여 물건을 만들어내는 방식이죠. 어떤 입체적 제품이든 만들 수 있어서 혁신적인 기술로 꼽혀요.

상식 점검 퀴즈

Q. '옷이 날개다'라는 속담은 <좋은 옷을 입으면 사람이 달라 보인다>는 뜻으로 겉모습이 중요하다는 뜻을 나타내지요. 다음 중 이 속담과 반대되는 의미를 지닌 속담을 찾아보세요.

① 빛 좋은 개살구

② 보기 좋은 떡이 먹기에도 좋다

※정답: ①

한 뼘 더 생각 넓히기

패션 분야에 어떤 기술이 접목되는 것이 좋을까요? 자신을 놀라게 한 첨단 과학기술을 떠올려보면서 패션 분야에 어떻게 적용될 수 있을지 생각해본 뒤 아래에 써보아요.

단어 설명

이목 주의나 관심

디스플레이 정보를 화면에 표시하는 기계 장치

섬유 가는 털 모양의 물질

54 와앙~ 청소기처럼 싹 빨아들여주마!

[1] 우주에는 '블랙홀(black hole)'이라고 불리는 **천체**가 존재해요. 우리말로 '검은 구멍'이라는 뜻의 블랙홀은 **중력**이 매우 강해서 마치 청소기처럼 주변의 천체를  빨아들여요. 빛 조차도 빠져나갈 수 없기에 천체는 검은색으로 보여 '블랙홀'이라 불리지요.

[2] 우주 형성 초기인 약 130억 년 전 만들어진 거대한 블랙홀이 우주망원경에 포착됐어요. 영국 케임브리지대 연구진은 태양보다 **질량**이 600만 배 큰 블랙홀을 발견했다는 연구결과를 2024년 1월 발표했어요. 오늘날 우주는 대폭발 현상인 빅뱅(134억 년 전)으로 **형성**되었는데 이 블랙홀은 빅뱅과 시기적으로 가까운 130억 년 전에 만들어진 것으로 보여요. 이에 이 블랙홀을 연구하면 우주가 어떻게 형성되었는지를 밝힐 수 있을 것으로 기대돼요.

[3] 블랙홀은 중력이 센 별이 폭발하면서 만들어져요. 이후 주변의 별들을 빨아들이면서 성장하기 때문에 블랙홀의 질량을 바탕으로 그 나이를 짐작할 수 있지요. 하지만 이번에 발견된 블랙홀은 기존 이론으로는 설명할 수 없는 거대한 질량을 갖고 있어요. 과학자들은 블랙홀이 처음부터 큰 덩치로 태어날 수 있고, 예상보다 5배 더 빠른 속도로 별을 빨아들일 수도 있다고 보고 있어요.

 키워드

빅뱅

우주의 탄생을 가져온 거대한 폭발을 가리키는 용어예요. 많은 과학자들은 초기 우주가 하나의 점에서 탄생했다고 보고 있어요. 약 134억 년 전 매우 높은 온도와 밀도(어떤 물질의 크기만큼의 질량)를 지닌 어떤 물질이 거대한 폭발을 일으키면서 현재와 같은 우주를 만들었다고 보는 것이지요.

상식 점검 퀴즈

Q. 다음을 뜻하는 영어 단어를 써보세요.

검은, 검은색	구멍

※정답: black, hole

한 뼘 더 상식 키우기

'블랙홀'이라는 단어는 일상에서 비유적인 의미로도 많이 쓰여요. 모든 것을 빨아 당기듯 사람이나 사물이 강하게 몰리는 현상을 가리키는 용어로 쓰이는 거예요. '의사를 기르는 의과대학이 우수한 이공계 인재를 빨아들이는 블랙홀이 되고 있다'처럼 말이에요.

단어 설명

천체 우주에 존재하는 모든 물체

중력 지구의 중심 방향으로 물체를 끌어당기는 힘

질량 물체를 이루고 있는 물질의 양

형성 어떤 모양을 이룸

인내하고, 인내하고, 또 참아야 하느니라

55

[1] 붉은 행성인 화성을 날던 '인저뉴이티'가 2024년 1월 임무를 종료했어요. 인저뉴이티는 미국 항공우주국(NASA·나사)이 지난 2021년 화성에 보낸 탐사 로보(이동형 로봇) '퍼시비어런스'에 실려 갔던 **무인** 헬기예요.

[2] 퍼시비어런스에 실려 화성으로 날아간 인저뉴이티는 지난 2021년 4월 화성 하늘에서 첫 비행을 시작했어요. 높이 49㎝, 무게 1.8㎏(**중력**이 지구의 3분의 1인 화성에서의 무게는 680g)의 인저뉴이티는 대기의 **밀도**가 지구의 100분의 1도 안 되는 화성의 하늘을 날기 위해 특수하게 설계됐어요. 인저뉴이티의 날개는 1.2m 길이의 **탄소섬유** 소재로 제작됐는데 매우 가볍다는 것이 특징. 이렇게 제작된 날개는 매우 빠른 속도로 회전할 수 있어요. 분당 최대 2500회 회전하는 방식으로 **양력**을 일으켜 하늘을 날 수 있지요.

[3] NASA는 인저뉴이티의 성공적 운영에 힘입어 화성 하늘에 또 다른 탐사 비행체를 띄운다는 계획이에요. '매기'라는 이름의 비행체를 개발 중인 것. 매기는 헬기 같은 인저뉴이티와 달리 일반 비행기 같이 제작돼요. 인저뉴이티에 비해 안정적으로 비행할 수 있어 화성 표면 전체를 조사하는 데 활용될 것으로 보여요.

 **키워드**

퍼시비어런스

2021년 2월 화성에 착륙한 이동형 탐사 로봇이에요. 무게 1050㎏에 길이 3m, 높이 2.2m로 소형차 정도의 크기예요. 영어로 '인내'를 뜻하는 퍼시비어런스(Perseverance)라는 이름은 미국의 한 중학생이 화성 탐사 로봇 이름 공모를 통해 제안한 것이에요. 그는 "우리는 화성에 가는 도중에 많은 좌절을 겪을 것이지만 인내할 수 있다"고 의미를 설명했지요. 퍼시비어런스는 수십억 년 전 강이 흘렀을 것으로 추정되는 화성의 예제로 분화구에 착륙한 뒤 탐사 활동을 벌이고 있어요.

 **상식 점검 퀴즈**

Q. 화성의 중력은 지구의 3분의 1에 불과해 물체의 무게가 지구보다 3배가량 가벼워요. 인저뉴이티의 무게가 지구에선 1.8㎏이지만 화성에선 680g인 것처럼요. 위의 '퍼시비어런스'에 대한 설명을 참고해 화성에서 퍼시비어런스의 무게는 얼마일지 써보세요.

※정답: 350㎏

한 뼘 더 상식 키우기

인저뉴이티는 지구가 아닌 곳에서 인류가 하늘로 띄운 첫 비행체예요. 처음에 화성에서 30일 간 총 5번의 비행이 한계일 것으로 예상됐지만 이런 예상을 뒤엎고 3년 간 총 72번의 비행에 나섰지요. 그간 인저뉴이티는 화성에서 생명체와 물의 흔적을 찾는 임무를 수행했답니다.

단어 설명

무인 사람이 없음
중력 지구의 중심 방향으로 물체를 끌어당기는 힘
밀도 빽빽한 정도
탄소섬유 열을 잘 견디고 탄성이 뛰어난 섬유
양력 뜨는 힘

인터넷 안 되는 비행기에서도 외국인과 대화하세요

[1] 2023년은 새로운 콘텐츠를 만드는 '생성형 인공지능(AI)'의 해라고 해도 **과언**이 아닐 정도였어요. 챗GPT가 쏘아 올린 생성형 AI의 **열풍**이 불었거든요. 생성형 AI는 우리의 일상에 더욱 깊숙이 들어오는 모습이에요.

[2] 삼성전자는 생성형 AI 기능을 탑재한 스마트폰을 2023년 1월 **출시** 했어요. 세계 최초의 'AI 스마트폰'이에요. 삼성전자의 AI 스마트폰인 갤럭시 S24로 외국인과 전화통화를 하거나 메시지를 주고받을 땐 AI가 실시간으로 외국어를 번역해줘요. 뿐만 아니라 메시지를 보낼 때 받는 사람이 친구인지, 선생님인지에 따라 AI가 내용을 다르게 수정해주는 기능도 포함됐지요. 이 모든 기능은 스마트폰이 인터넷에 연결되지 않아도 가능해요.

[3] 스마트폰 분야에서 삼성전자의 **라이벌**인 미국의 애플도 AI를 탑재시킨 스마트폰을 선보일 것으로 예상돼요. 이처럼 기기에 AI를 탑재하는 방식을 '온디바이스(On-Device) AI'라고 해요. 애플은 2024년 가을쯤 아이폰16 시리즈를 출시하는 가운데 이 시리즈에 생성형 AI 기능을 탑재할 가능성이 매우 높아요.

키워드
온디바이스(On-Device) AI
장치(Device)에 탑재된(On) AI를 말해요. 기존의 AI 프로그램은 주로 인터넷이 연결된 상태에서 작동됐어요. 예를 들어 챗GPT로부터 특정 질문에 대한 답변을 얻으려면 챗GPT 프로그램이 외부 서버에 있는 데이터를 활용해야 했지요. 이런 방식을 벗어나 스마트폰 등 기기 자체에 AI 프로그램이 탑재되어 직접 서비스를 제공하는 기술을 말해요. 통신 상태의 제약을 받지 않고 작동되는 한편 기기 안에서 모든 것을 해결하기에 내용이 외부로 흘러나갈 걱정도 없어서 주목받아요.

상식 점검 퀴즈
Q. 윗글을 읽고 적절하지 <u>않은</u> 반응을 보인 사람을 고르세요.

유미: 삼성의 AI폰을 활용하면 영어를 못해도 미국인과 대화할 수 있겠는걸?

진수: 채팅할 때 반말로 해도 상대방이 어른이면 존댓말로 바꿔주는 기능은 안 되는 거잖아?

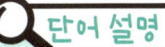

한 뼘 더 생각 넓히기
삼성의 세계 첫 AI폰 'S24'를 이용하면 통신이 차단되는 비행기에서도 AI 번역 프로그램을 활용해 외국인과 대화를 할 수 있겠지요? 온디바이스 AI가 어떤 상황에서 활용되면 좋을지 상상하여 아래에 써보아요.

단어 설명

과언 지나치게 말을 함

열풍 세차게 일어나는 기운을 이르는 말

출시 상품이 시중에 나옴

라이벌 같은 분야에서 일하면서 이기려고 겨루는 상대

57 조그마한 돌덩이가 무시무시하네!

[1] 지구가 속한 **태양계**에는 달이나 화성처럼 잘 알려진 **천체** 외에도 수많은 천체가 있어요. 특히 화성과 목성 사이에는 소행성이 집중적으로 분포해 있어요. 이 지역을 소행성대라

고 부르지요. 2023년에는 소행성대에 있는 소행성에 대한 탐사가 활발히 이뤄졌어요.

[2] 미국 항공우주국(NASA·나사)은 2023년 '16프시케'라는 이름의 소행성을 탐사하기 위해 우주선을 쏘아 올렸어요. **지름**이 226㎞에 달하는 소행성인 프시케의 별명은 보물섬. 그만큼 귀한 자원이 많기 때문이에요. 16프시케는 철, 니켈과 같은 금속 자원으로만 이뤄졌어요. 이 자원을 돈으로 환산하면 무려 1000경(1경은 1조의 1만 배) 달러에 달한다는 연구결과도 있어요. 16프시케를 탐사할 우주선은 2029년경 소행성에 도착해 임무를 수행할 예정이지요.

[3] NASA가 '베누'라는 이름의 소행성을 탐사하기 위해 보낸 '오시리스-렉스'가 2023년 지구로 돌아오는 데 성공했어요. 베누는 태양계 초기의 모습을 그대로 간직하고 있을 가능성이 매우 높은 소행성. 오시리스-렉스는 베누에 가서 직접 흙과 자갈 등을 갖고 지구로 가지고 돌아왔어요. 베누 표면에 있는 토양을 분석해 지구를 포함한 태양계의 비밀을 파헤칠 수 있을지 주목돼요.

 키워드

소행성

태양 주위를 돌고 있는 작은 천체로, 행성(중심 별의 주위를 도는 천체. 태양계에선 수성, 금성, 지구, 화성 등이 해당)보다 작은 천체예요. 작은 소행성이라도 지구와 충돌하면 큰 피해를 주며 수백만 명의 생명을 앗아갈 수 있다고 과학자들은 경고해요. 1908년 러시아 툰구스카에 지름 60m짜리 소행성이 떨어져 서울시 면적의 3.5배에 이르는 숲이 불타는 사건이 발생하기도 했어요.

 상식 점검 퀴즈

Q. 다음 중 소행성이 아닌 것을 고르세요.

① 16프시케

② 베누

③ 오시리스-렉스

※정답: ③

한 뼘 더 상식 키우기

6600만 년 전 지구에 살았던 공룡을 멸종시킨 것도 다름 아닌 소행성 충돌 때문이라는 주장이 있어요. 이에 따르면 당시 멕시코 유카탄 반도에 떨어진 지름 10㎞ 크기의 소행성은 공룡뿐 아니라 지구 생물종의 75% 가량을 사라지게 했다고. 소행성 충돌로 지구의 암석이 부서지면서 어마어마한 양의 먼지가 대기 중에 흩어졌고 태양빛이 가려지면서 무시무시한 추위가 찾아와 공룡은 생존하기 어려워져 결국 지구상에서 영영 사라졌다는 거예요.

단어 설명

태양계 태양을 중심으로 그 주위를 돌고 있는 행성과 소행성의 모임

천체 우주에 존재하는 모든 물체

지름 원의 중심을 지나는 직선으로, 둘레 위의 두 점을 이은 선

58 초속 7km? 세상에서 가장 빠른 쓰레기네…

[1] 2023년 1월 우주에서 발생한 쓰레기가 한반도로 떨어질 수 있다는 가능성이 나오면서 관련 기관을 긴장하게 했어요. 사용이 끝난 미국의 지구 관측용 인공위성이 **지표면**으로 떨어지는 과정에서 일부 조각이 우리나라에 추락할지도 모른다는 분석이 나온 것이지요. 다행히도 위성 조각은 **태평양** 바다에 떨어졌어요.

[2] 하지만 안심할 수는 없는 상황. 지구로 떨어지는 인공위성은 앞으로 점점 더 많아질 것으로 보여요. 지구 궤도로 보내진 인공위성은 쓸모없어지면 지구의 **중력**에 의해 서서히 지구로 향하다가 지구 표면으로부터 200km에 이르게 되면 며칠 내 지구로 추락해요. 대부분은 **대기권**에서 불에 타서 없어지지만, 그렇지 않은 경우도 있어요. 이에 세계 각국의 우주항공 관련 기관은 우주에서 떨어지는 쓰레기를 주의 깊게 관찰하고 있지요.

[3] 지구의 궤도를 빙빙 도는 쓰레기는 우주비행사의 안전을 위협하기도 해요. 우주에는 중력이 거의 없기 때문에 우주쓰레기는 **초속** 7km가 넘는 매우 빠른 속도로 이동해요. 이렇게 이동하는 우주쓰레기와 우주비행사가 탄 우주선이 부딪치기라도 하면 그야말로 대형 사고가 발생하게 되는 것이지요. 이에 우주쓰레기를 집어서 지구로 돌아오는 기술이 발전하고 있어요.

키워드
우주쓰레기

우주 공간에서 지구의 주위를 빙빙 돌고 있는 인공 물체를 말해요. 주로 쓰임을 다한 인공위성과 로켓의 파편들이에요. 유럽우주국(ESA)은 우주의 쓰레기 조각이 1억 7000만개에 달하고, 지름이 10㎝가 넘는 파편도 3만 4000개가량 되는 것으로 보고 있어요. 이런 우주쓰레기를 제때 처리하지 않으면 쓰레기가 우주선이나 우주비행사와 충돌하는 '우주 교통사고'가 발생할 수 있고, 큰 인공위성이 지구로 떨어지면 많은 사람들의 목숨을 위협할 수도 있어요.

상식 점검 퀴즈

Q. 우주쓰레기를 반드시 처리해야 하는 이유 2가지를 써보세요.

※정답: 우주교통사고의 위험이 있으며 / 지구에 추락할 수도 있으므로

한 뼘 더 상식 키우기

2023년 10월, 미국 정부는 우주쓰레기를 내버려 둔 미국의 위성TV회사에 벌금 2억 원을 내도록 했어요. 우주쓰레기로 벌금을 매긴 최초의 사례. 미국은 쓰임이 다한 위성은 지구에서 멀리 떨어진 우주 깊은 곳에 보내도록 하는데, 위성TV회사는 2002년 발사된 위성을 지구 주변에 방치했다고 하네요.

단어 설명

지표면 지구의 겉면

태평양 유럽, 아시아, 아메리카, 오스트레일리아 대륙에 둘러싸인 바다

중력 지구의 중심 방향으로 물체를 끌어당기는 힘

대기권 지상으로부터 약 1000㎞까지의 공기층

초속 1초를 단위로 하여 잰 속도

59 화성으로 이사 갈 사람 모십니다!

[1] 미국의 전기차 회사인 테슬라의 최고경영자(CEO)이자 미국 **민간** 우주 기업인 스페이스X를 세운 일론 머스크는 화성에 가는 것을 꿈꿔요. 화성에 우주비행사를 보내는 것은 물론 2050년까지 100만 명을 화성에 이주시킨다는 꿈을 가졌어요.

[2] 머스크가 CEO로 있는 스페이스X는 화성에 가기 위해 '스타십'이라고 불리는 우주선을 개발 중이에요. 스타십은 이제껏 개발된 우주 **발사체** 가운데 가장 크고 강력해요. 1단 발사체인 '슈퍼헤비로켓'의 **추력**이 7590t(톤)에 이르며 스타십 우주선(2단부) 자체만으로도 1500t의 추력을 내지요. 추력이 강할수록 로켓이 빠르고 멀리 날아갈 수 있어요. 1, 2단을 합친 전체 높이는 122m로, 미국 뉴욕 자유의 여신상(93.5m)보다 높아요. 스타십에는 최대 100명이 탑승할 수 있고, 한 번에 최대 150t(톤)의 화물을 옮길 수 있지요.

[3] 2023년 11월 스타십 시험발사를 했지만 실패했어요. 1단 발사체와 우주선을 분리하는 데는 성공했지만 1단 발사체인 슈퍼헤비로켓이 하늘에서 폭발하고 말았지요. 하지만 앞서 같은 해 4월에 진행된 시험발사 때에는 아예 1단과 2단이 분리되지도 못한 채 폭발한 것과 비교하면 큰 발전이지요. 이에 스타십이 점점 **고도화**되고 있다는 평가가 나와요.

키워드

스페이스X

2002년 일론 머스크가 세운 미국의 우주 탐사 기업으로, 세계에서 가장 발전된 우주 기술을 바탕으로 로켓과 우주선을 만드는 기업이에요. 각국의 정부를 중심으로 우주 탐사가 진행되던 과거와 달리, 최근에는 스페이스X 같은 민간 우주기업들이 적극적으로 우주 산업에 뛰어들고 있어요. 우주선이나 발사체를 쏘아 올리는 데 가장 큰 걸림돌은 막대한 비용인데, 스페이스X는 재사용이 가능한 우주발사체를 선보이며 큰 주목을 받았어요.

상식 점검 퀴즈

Q. 다음 빈칸에 들어갈 숫자를 써보세요.

> 스타십은 미국 자유의 여신상보다 ☐ m 더 높고, 한 번에 1톤 트럭 ☐ 대 분량의 화물을 옮길 수 있다.

※정답: 28.5, 150

한 뼘 더 상식 키우기

스페이스X 외에도 미국의 전자상거래업체인 아마존의 제프 베이조스 CEO가 세운 우주기업 '블루오리진'을 비롯해 영국 버진그룹의 리처드 브랜슨 회장이 세운 '버진갤럭틱'도 주목받는 우주기업이에요. 이들은 최근 우주 관광 상품을 앞다투어 내놓고 있답니다.

단어 설명

민간 정부기관에 속하지 않음
발사체 우주선을 지구 밖으로 내보내는 데 쓰이는 로켓 장치
추력 물체를 밀어붙이는 힘
고도화 기술, 생활 등의 수준이 높아짐

휴머노이드로 "빨래~ 끝!"

[1] 설거지와 청소, 빨래와 같은 집안일을 돕는 데 활용될 수 있는 휴머노이드(humanoid)가 개발되고 있어요. 구글의 인공지능(AI) 연구소인 딥마인드는 '오토RT'라는 이름의 휴머노이드를 개발하고 관련 연구결과를 2024년 1월 발표했어요. 오토RT는 진짜 사람처럼 스스로 상황을 판단해 집안일을 해요. 예를 들어 책상 위에 행주, 컵, 물병 등이 있다면 스스로 '컵에 물을 따른다' '행주로 책상을 닦는다'와 같은 행동을 하는 것.

[2] 미국의 앱트로닉이라는 기업은 집안일은 물론이고 노인을 돌보거나 공장에서 물건을 만드는 등 사람이 하는 대부분의 일을 할 수 있는 휴머노이드를 개발했어요. '아폴로'라는 이름의 이 휴머노이드는 키 173㎝, 무게 73㎏의 두 팔과 두 다리를 가진 로봇. 더 발전한다면 건물을 짓거나 전자 제품을 만드는 일에도 **투입**될 수 있을 것으로 예상돼요.

[3] 일론 머스크 최고경영자(CEO)가 이끄는 전기차 기업인 테슬라도 휴머노이드인 '옵티머스 2세대'를 2023년 12월에 선보였어요. 이 휴머노이드는 테슬라의 공장에 투입되어 자동차를 만드는 일을 하게 될 것으로 보여요. 옵티머스 2세대는 달걀을 들어서 끓는 물에 집어넣는 등 **섬세한** 일도 수행할 수 있어 주목을 받았어요.

 **키워드**

휴머노이드(humanoid)

사람과 같이 두 팔과 두 다리를 가진 로봇을 말해요. 최초의 휴머노이드는 1973년 일본에서 등장한 '와봇1(WABOT-1)'이에요. 두 발을 가진 와봇1은 사람처럼 몇 발자국 걸을 수 있었고 간단한 질문에 대답하는 것도 가능했어요. 우리나라에선 2004년 처음으로 휴머노이드가 만들어졌어요. 한국과학기술원(KAIST) 기계공학과 오준호 교수 연구진이 개발한 키 120㎝, 몸무게 55㎏의 휴머노이드 '휴보(HUBO)'예요.

상식 점검 퀴즈

Q. 현재 개발되거나 선보인 휴머노이드가 할 수 있는 일로 적절하지 <u>않은</u> 것을 고르세요.

① 건물을 몇 주 만에 뚝딱 짓는다.

② 달걀을 들어서 끓는 물에 집어넣는 섬세한 일을 한다.

③ 행주로 책상을 닦는다.

※정답: ①(아직은,현재 더 후에나 가능한 일이라고 전문가들은 말해요.)

한 뼘 더 생각 넓히기

가정뿐 아니라 공장과 창고 등에서 활약하는 휴머노이드들도 많아요. 하지만 로봇이 잘못 작동돼 사람을 공격하는 사고가 일어날 수도 있다는 우려도 나와요. 2023년 12월 미국 텍사스 주에 있는 테슬라의 한 공장에선 근로자들이 로봇의 공격을 받아 다치는 사고가 발생하기도 했지요. 뿐만 아니라 로봇이 사람의 일자리를 빼앗을 거라는 목소리도 있지요. 휴머노이드 같은 로봇이 사람의 일을 대신하는 것에 대해 어떻게 생각하는지 써보아요.

단어 설명

투입 필요한 곳에 넣음

섬세하다 매우 찬찬하고 꼼꼼하다

CHAPTER

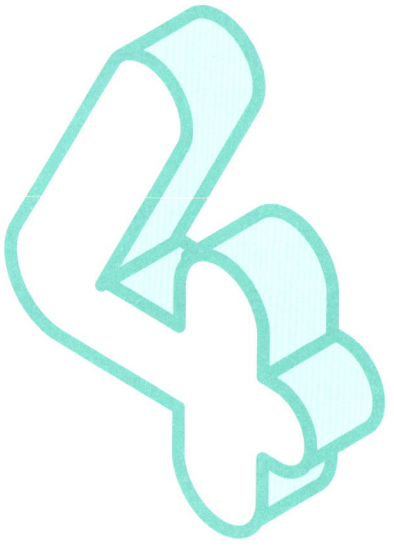

환경ㅣ생물

61. 귀여운 돌고래 아가~ 울었쪄?

62. 내 코가 괜히 '개코'겠어요? 킁킁

63. 너희 동네로 돌아가 줘~ 제발!

64. 누구보다 강하지만 남들보단 조~금 느려 헤헤

65. 눈물까지도 바싹 메말라버린 지구의 허파

66. 말썽부리지 않기로 약속하냐옹?

67. 매일 살이 1kg씩 빠져요… 살려주세요!

68. 먹지 마세요, 생태계를 위해 양보하세요

69. 바다냐 땅이냐, 그것이 문제로다

70. 비좁은 축사만 아니면 깔끔한 동물이라고요!

71. 실종된 비봉이를 찾습니다

72. 아리따운 눈망울의 사슴이 골칫거리가 된 사연

73. 우리 집 코코 나이가 나보다 많다고요?

74. 의사 같기도, 농부 같기도, 건축가 같기도…

75. 이 동물이 살던 곳은 석기시대부터 명당이었느니라

76. 입에 계속 당기는 된장찌개 같은 바로 그 맛!

77. '자연의 청소부'라 불러주소똥구리!

78. 지구의 '보물 창고'는 건들지 말아주렴

79. 크앙~ 내 뼈를 팔고, 산다고?

80. '핫(hot)하게' 하는 연료, 퇴출해? 말아?

61 귀여운 돌고래 아가~ 울었쪄?

[1] 돌고래는 지능이 매우 높은 동물로 알려졌어요. 평균적인 지능지수(IQ)가 70~80으로 인간을 제외한 **포유류** 가운데 원숭이, 코끼리를 제치고 가장 높아요.

[2] 돌고래가 지능만 높은 것은 아니에요. 마치 사람처럼 가족, 동료와 어울리는 사회적 능력도 뛰어나지요. 특히 어미 돌고래가 새끼 돌고래를 **지극한** 사랑으로 돌본다는 연구결과가 2023년 발표되기도 했어요. 미국과 영국의 과학자로 구성된 국제 연구팀은 미국 플로리다 주 바다에 사는 어미 큰돌고래 19마리를 30년 이상 관찰했어요. 그 결과 이들은 어미 돌고래가 새끼와 있을 때 평소보다 높은 음의 소리를 내며 소통한다는 것을 발견했어요. 마치 사람 엄마들이 아기와 친밀하게 소통하기 위해 톤을 높이며 "우리 아가~ 울었쪄?" 하는 것처럼요.

[3] 돌고래가 사회적 동물이라는 증거는 또 있어요. 러시아 연구진은 병코돌고래들이 살고 있는 수족관에서 함께 살게 된 흰고래 한 마리가 병코돌고래들과 친해지기 위해 이들의 소리를 흉내 낸다는 사실을 밝혀냈어요. 흰고래는 원래 휘파람 소리를 내지 않는데, 병코돌고래가 이런 소리를 내자 따라했지요. 연구진에 따르면 병코돌고래를 따라하던 흰고래는 끝내 자신이 원래 내던 소리를 잃게 되었지요.

키워드
지능지수(IQ)
지능이 발달한 정도를 나타내는 지수로, 계산력·기억력·어휘력 등과 관련된 테스트를 통해 수치로 나타내요. 프랑스의 심리학자인 알프레드 비네(1857~1911)가 어린이들의 발달 상태를 살펴보기 위한 목적으로 1905년 처음으로 만들어냈어요. 이후 여러 학자들이 평가 방식을 발전시키면서 오늘날의 IQ 테스트로 자리 잡았지요.

상식 점검 퀴즈

Q. 두 수를 비교할 때 무엇이 크고 작은지를 나타내는 기호를 '부등호'라고 해요. '>' 또는 '<'를 써서 터진 쪽이 크고, 뾰족한 쪽이 작다는 것을 나타내지요. 다음 동물들의 지능지수를 비교할 때 괄호 안에 적절한 부등호를 써보세요.

| 인간 ( ) 돌고래 | 원숭이 ( ) 돌고래 |

※ 정답: >, '<'

한 뼘 더 상식 키우기

졸음이 몰려오거나 지루할 때 사람들이 입을 쩍~ 벌려 하품을 하는 것처럼 바다에 사는 돌고래도 하품을 한다는 사실이 일본 연구진에 의해 밝혀졌어요. 가까이에 있는 사람이 하품을 하면 주위에서 하품이 따라 나오잖아요? 과학자들은 하품이 사회생활을 하는 동물들 사이의 유대감을 높이는 방식으로 발전했다고 보는데, 돌고래가 하품을 한다는 것 또한 이들이 사회적 동물임을 나타내는 또 다른 증거예요.

단어 설명
포유류 어미가 알 대신 새끼를 낳는 동물로, 새끼에게 젖을 먹여 기른다는 특징을 가졌다
지극하다 더할 수 없이 정성을 다하다

내 코가 괜히 '개코'겠어요? 킁킁

[1] 개의 냄새 맡는 능력은 매우 뛰어나다고 알려져요. 사람보다 수십에서 수백 배 냄새를 잘 맡는 것으로 조사됐지요. 개의 이 같은 능력은 인간을 돕는 데 활용되고 있어요.

[2] 2024년 7월 열리는 프랑스 파리 올림픽을 앞두고 준비가 한창일 때 인간의 피를 빨아 먹는 **해충**인 빈대가 **창궐**해 세계를 긴장시켰어요. 프랑스 정부가 빈대와의 싸움을 벌이는 가운데 탐지견을

도입해 눈길을 끌었어요. 빈대가 내뿜는 화학 물질을 알아차리도록 훈련을 받은 개들이 빈대가 숨어 있는 장소를 파악하는 것. 빈대는 평소에는 사람의 눈에 띄지 않도록 숨어 있다가 밤에 사람이 자는 틈을 타 피를 빨아 먹기 때문에 탐지견의 도움이 반드시 필요한 거예요.

[3] 일부 개들은 **멸종**된 것으로 여겨졌던 동물을 찾아내기도 해요. 지구상에서 사라진 것으로 여겨졌던 황금두더지를 찾는 데 탐지견이 결정적 역할을 해서 화제를 모았어요. '제시'라는 이름을 가진 보더콜리종 탐지견이 2023년 12월 남아프리카공화국에서 황금두더지를 찾아냈어요. 자연에서 황금두더지가 발견된 것은 86년 만의 일이었지요. 탐지견에게 황금두더지의 배설물 등의 냄새를 맡을 수 있도록 훈련시켜 찾게 했지요.

 키워드

탐지견

냄새를 맡아 특별한 물건이나 생물, 사람 등을 찾아내도록 훈련된 개예요. 주로 공항 등에서 활동하는 마약 탐지견, 폭발물을 찾아내는 수색견 등이 있지요. 래브라도 리트리버, 셰퍼드 등 지능이 높고 후각(냄새를 맡는 감각)이 발달한 견종이 탐지견 역할을 수행해요. 제1차 세계대전(1914년부터 4년 간 벌어진 세계적 규모의 전쟁) 당시 영국군이 지뢰를 탐지하기 위해 개를 활용했던 것이 탐지견의 시작으로 여겨져요.

상식 점검 퀴즈

Q. 다음 중 업무를 할 때 탐지견과 함께 하는 직업이 아닌 것을 고르세요.

① 공항에서 사람 또는 물건을 살펴보는 경찰

② 테러 현장에 투입되는 군인

③ 병원에서 응급환자를 수술하는 의사

※정답: ③

한 뼘 더 상식 키우기

'한창'과 '한참'을 헷갈리는 경우가 많아요. 어떤 일이 가장 활기 있고 왕성하게 일어날 때 '~이 한창이다'라는 표현을 써요. 반면 '한참'은 〈시간이 상당히 지나는 동안〉을 뜻하는 말! '한창'을 써야할지, '한참'을 써야할지 헷갈린다면 두 단어 대신 '오랫동안'을 넣어서 어색하지 않으면 '한참'을 쓰면 된답니다.

단어 설명

해충 인간에게 해를 끼치는 곤충

창궐 세차게 일어나 걷잡을 수 없이 퍼짐

멸종 생물의 한 종류가 아주 없어짐

63 너희 동네로 돌아가 줘~ 제발!

[1] 외래종은 다른 나라에서 들어와 국내에 살게 된 동물 또는 식물을 말해요. 외래종이 들어와 **토종** 생태계를 파괴하는 사례가 종종 발생하고 있어요. 외래종의 침입은 생태계를 **교란**시키고 이로 인한 경제적

피해도 막심한 것으로 조사됐어요. 외래종을 해치우는 과정에서 적지 않은 비용이 발생하는 것. 경제적 피해 규모는 전 세계적으로 해마다 4230억 달러(약 564조7050억 원)에 달한다는 조사 결과도 있어요.

[2] 유럽의 이탈리아에서는 외래종인 꽃게로 인해 주민들이 골머리를 앓기도 했어요. 우리나라에서는 꽃게를 찌개에 넣어 먹거나 쪄먹는 등 다양하게 먹지만 이탈리아인들에게는 익숙하지 않은 먹거리. 대서양이나 태평양에 살던 푸른 꽃게가 이탈리아의 지중해로 들어와 살게 되면서 이탈리아인이 자주 소비하는 조개를 마구 먹어치우고 있어요. 이탈리아인들에게는 푸른 꽃게가 그저 골칫덩어리가 되고 있을 뿐이지요.

[3] 우리나라에서는 미역을 활용한 음식을 즐겨 먹어요. 하지만 유럽의 나라나 미국에서는 바다에 사는 미역을 외래종으로 분류하고 있어요. 미역은 **번식력**이 강한데다가 가라앉는 성질이 있어서 한 번 바다에 나타나면 제거하기 어려운 종으로 여겨져요. 해안가에 널브러져 **미관**을 해치고, 바다 속에서 그물에 걸려 고기잡이를 방해하기도 하지요.

 **키워드**

외래종

외국 등 다른 지역에서 들어온 생물을 가리키는 말이에요. 외래종이 자연적으로 들어오는 경우도 있지만 최근 국제적인 교류가 활발해지면서 인위적(자연의 힘이 아닌 사람의 힘으로 이루어지는 것)으로 들어오는 경우도 많지요. 그 나라에서 오랫동안 자라왔던 '토착종'과 잘 어우러지며 살아가는 외래종도 있지만 토착종의 서식지를 밀어내고 그 자리를 차지하는 외래종도 있어요. 이를 '침입종'이라고 하지요. 번식력이 매우 빠른 침입종은 토착종을 멸종위기에 몰거나 생태계를 교란시키는 문제를 불러일으키기도 해요.

상식 점검 퀴즈

Q. 다음 중 이탈리아의 현지 음식점에서 찾아보기 어려운 음식을 고르세요.

① 조개를 넣은 스파게티

② 삶은 푸른 꽃게

※정답: ②

한 뼘 더 상식 키우기

한 나라에서 다른 나라로 큰 배가 이동할 때는 배의 좌우 균형을 맞추기 위해 배 안에 바닷물을 채우기도 하는데요. 이 과정에서 미역까지 함께 들어와 다른 나라로 옮겨지기도 하지요. 미역은 국제교류가 활발해지며 발생한 외래종인 거예요.

단어 설명

토종 원래 그 지역에서 나거나 자라는 동물 또는 식물

교란 어지럽고 혼란하게 함

번식력 생물이 새로운 개체를 늘려 가는 힘

미관 아름답고 훌륭한 풍경

누구보다 강하지만 남들보단 조~금 느려 헤헤

[1] '강철벌레'라고 불리는 동물이 있어요. 8개의 짧은 다리로 매우 느릿느릿 걷는 이 동물은 '물곰'이에요. 생김새가 물속을 헤엄치는 곰과 같다고 하여서 이런 이름이 붙었어요. 곤충은 아니지만 마치 벌레와 비슷해 보여서 '곰벌레'라고 불리기도 해요. 현재까지 발견된 물곰은 1300여 종에 달해요.

[2] 물곰의 크기는 1.5mm로 매우 작지만 **생명력**은 그 어떤 동물보다 강해요. 30년 넘게 물과 먹이 없이도 살 수 있어요. 뿐만 아니라 영하 273도의 매우 추운 환경이나 100도 이상의 매우 뜨거운 온도에도 죽지 않고 살아남지요. 인간에게는 치명적일 정도로 많은 양의 **방사능**에 **노출**시켜도 물곰은 끄떡없어요. 극한 환경에서 일종의 **가사** 상태에 빠져 생존해요. 세계의 과학자들은 물곰을 우주로 보내어 연구를 진행하기도 해요. 물곰이 어떻게 우주의 거친 환경에서 생존하는지를 관찰해 인간에게도 적용할 수 있는지를 알아보겠다는 것이지요.

[3] 우리나라의 극지연구소 연구진은 2023년 새로운 종류의 물곰을 발견하기도 했어요. 이들은 북극의 그린란드에서 얻은 이끼에서 물곰을 찾아냈어요. 그리고 '라마조티우스 그로엔란덴시스'라고 이름 붙였어요.

 **키워드**

극지연구소

남극과 북극 등 지구의 극지에서 이뤄지는 연구 활동을 지원하는 우리나라의 연구 기관이에요. 2024년 1월, 남극 대륙 해안에 있는 장보고과학기지로부터 남극의 내륙으로 향하는 육상 루트를 개척하는 등 다양한 활동을 펼치고 있어요.

상식 점검 퀴즈

Q. 다음 중 물곰에 대한 설명으로 적절하지 <u>않은</u> 것을 고르세요.

① 매우 춥거나 뜨거운 환경에서도 살아남는다.

② 물속을 헤엄치는 곰과 비슷한 모습을 지닌 작은 동물이다.

③ 다리가 6개, 몸은 머리-가슴-배로 나누어진 곤충이다.

※정답: ③

 **한 뼘 더 상식 키우기**

생물체는 생명을 유지하기 위해 영양 물질을 몸 안에서 분해하고, 필요 없는 물질은 몸 밖으로 내보내는데요. 이를 '신진대사'라고 해요. 물곰은 가사 상태에 빠질 때 이 신진대사 활동을 0.05%까지 줄여 길게는 수백 년까지 유지할 수 있다고 해요. 실제로 1948년 한 이탈리아 동물학자가 박물관에 있던 120년 된 이끼에 물을 붓자 숨어 있던 물곰이 살아났다고 하네요.

단어 설명

생명력 죽지 않고 살아나가는 힘

방사능 방사선을 내는 성질. 방사선은 원자핵(물질의 기본 단위인 원소의 중심에 있는 것)이 붕괴하면서 나오는데, 인간이 방사능에 노출되면 치명적(생명을 위협하는 것)이다

노출 어떤 환경, 상황에 처함

가사 겉으론 죽은 것처럼 보이지만 실제로는 살아 있는 상태. 일부 벌레들은 위험에 닥쳤을 때 죽은 듯이 움직이지 않고 가만히 있는데, 이런 상태를 가리키기도 한다

65 눈물까지도 바싹 메말라버린 지구의 허파

[1] 지구온난화의 영향으로 전 세계 곳곳에서 이상기후 현상이 나타나고 있어요. 원래 비가 자주 내려 물이 풍부했던 남미의 **열대우림**인 아마존에서 극심한 가뭄이 나타나 안타까움을 자아내고 있어요.

[2] 아마존의 **중심부**를 흐르는 네그루 강의 **수위**가 관련 기록을 수집한 이래로 가장 낮은 수치를 기록한 것으로 2023년 10월 조사됐어요. 1902년 이후 이 강의 수위가 가장 낮았던 것은 지난 2010년 10월에 측정된 13.63m였는데 이 기록이 깨진 것. 2023년 10월 기준 네그루 강의 수위는 13.59m를 기록했어요. 강물이 메말라가면서 이 강에 살던 물고기가 죽는 일이 발생했어요. **어업**에 의존해 생계를 이어가던 인근 주민들은 큰 피해를 입었지요.

[3] 한편 네그루 강의 물이 말라붙으면서 그동안 볼 수 없었던 **유적**이 드러나기도 했어요. 고대인이 강바닥에 있는 돌에 남긴 것으로 추정되는 수십 개의 그림이 나타난 것이지요. 그림의 종류는 초상화부터 동물을 비롯해 자연물을 그린 것 등으로 다양해요. 다만 이상기후로 강바닥이 메말라 유적이 드러나게 된 것이라 그렇게 반갑지만은 않다는 의견도 있어요.

 **키워드**

아마존

물의 양과 유역(강이 흐르는 언저리) 면적이 세계 최대 규모의 강으로, 브라질, 페루, 에콰도르, 볼리비아 등 남미 나라에 걸쳐 있어요. 여러 나라들 중 브라질이 아마존 면적의 60%를 차지하고 있어요. 아마존은 총 면적 750만㎢의 세계 최대 규모의 열대우림을 간직한 곳이기도 한데, 지구의 이산화탄소를 흡수하는 역할을 할 뿐 아니라 지구 동식물의 절반 이상이 살고 있는 생물의 터전이기도 해요. '지구의 허파'로 불리며 지구 산소의 20%를 공급해요.

상식 점검 퀴즈

Q. 다음 중 아마존강을 끼고 있는 나라가 아닌 것을 고르세요.

① 브라질   ② 페루   ③ 에콰도르   ④ 멕시코

※정답: ④

한 뼘 더 상식 키우기

세계에서 가장 긴 강은 어떤 강일까요? 과학자들은 이런 질문의 답을 찾기 위해 탐험을 떠나요. 기네스 세계기록은 북아프리카 이집트에 있는 나일강을 세계에서 가장 긴 강으로 정하고 있지만 브라질 과학자들은 자국에 있는 아마존강이 나일강보다 길다고 주장해요. 이에 다양한 나라 출신의 과학자들이 2024년 봄부터 약 7개월에 걸쳐 아마존강의 길이를 측정하고, 나일강의 길이를 재는 여정도 떠난다고 해요. 하지만 두 강 모두 그 시작과 끝이 어디인지 모를 만큼 길어서 측정에 어려움이 있을 것으로 보이지요.

단어 설명

열대우림 1년 내내 기온이 높고 비가 많이 내리는 적도 부근의 나무가 많은 숲

중심부 사물의 한가운데

수위 강이나 바다, 호수의 물의 높이

어업 물고기를 잡거나 기르는 산업

유적 역사적 사건이 벌어졌던 곳 또는 각종 건축물

말썽부리지 않기로 약속하나옹?

[1] 미국 하와이 주에서 길고양이에게 먹이를 주는 행위를 금지하는 **법안**을 추진 중이에요. 길고양이의 개체 수가 지나치게 많아지면서 하와이에 사는 **토종** 생물이 **멸종**될 위기에 처하자 이 같은 법안을 만들려는 것이지요.

[2] 하와이 주 정부는 주요 8개 섬에서 길고양이를 '생태학적 파괴종'으로 지정하고 있어요. 길고양이가 토종 **야생동물**을 공격하여 잡아먹기 때문이에요. 실제로 길고양이가 하와이 제비, 하와이 오리, 하와이 장다리물떼새 같은 새를 공격해 이들은 하와이에서 멸종될 위기에 처하기도 했어요. 국제자연보전연맹(IUCN)은 하와이의 길고양이가 새를 비롯해 총 33종의 생물을 위협하고 있다고 분석했어요.

[3] 우리나라에서도 비슷한 사례가 발생했어요. 제주도 남부의 섬 마라도에 사는 길고양이 100여 마리가 섬 밖으로 옮겨진 것. 길고양이가 마라도에 사는 야생 새를 사냥한다는 지적이 나왔기 때문이지요. 특히 환경부가 지정한 멸종위기 야생생물 2급으로 분류되는 뿔쇠오리 같은 새를 공격하는 것이 문제예요. 하지만 일부 동물보호단체는 길고양이를 섬 밖으로 옮긴 뒤에 안전하게 보호하는 방안이 제시되지 않았다면서 반대하기도 했어요.

키워드

국제자연보전연맹(IUCN)

전 세계의 자연환경과 천연자원을 보호하기 위해 만들어진 국제기관이에요. 1948년 국제연합(UN·유엔)의 지원을 받아 국제기구로 설립된 것이 그 시작이에요. 제2차 세계대전(1939~1945년 벌어진 세계적 규모의 전쟁)으로 자연환경의 파괴가 심각한 문제가 되자 만들어진 거예요. 본부는 스위스의 글란트라는 도시에 있어요.

상식 점검 퀴즈

Q. 앞의 글에선 길고양이의 어떤 행동이 문제가 된다고 말하고 있나요?

① 사람들의 집에 들어가 먹이를 훔쳐 먹는 행위

② 차량 통행 등 교통을 방해하는 행위

③ 토종 야생동물을 사냥하는 행위

※정답: ③

한 뼘 더 생각 넓히기

길고양이 수의 증가는 하와이와 우리나라의 문제만은 아니에요. 미국도 이들에게 먹이를 주는 인간들의 행동이 길고양이의 수를 늘린다고 여겨 미국 많은 주는 먹이를 줄 경우 벌금을 내도록 하고 있지요. 하지만 그렇다고 해서 고양이들에게 먹이를 주지 않는 건 너무 심하지 않느냐는 의견도 있어요. 나는 어떤 의견에 동의하는지 써보아요.

단어 설명

법안 법률을 만들기 위해 국회에 제출하는 문서

토종 원래 그 지역에서 나거나 자라는 동물 또는 식물

멸종 생물의 한 종류가 아주 없어짐

야생동물 산과 들에서 사는 동물

67 매일 살이 1kg씩 빠져요… 살려주세요!

[1] 북극곰은 지구온난화에 따른 피해를 직접적으로 보고 있는 대표적 동물이에요. 그런데 안타깝게도 지구가 북극곰들에게 더욱 살기 어려운 환경이 되어가고 있다는 연구결과가 나왔어요.

[2] 미국 워싱턴대 연구진 등이 참여하는 공동 연구팀은 "북극곰이 굶는 날이 40년 전에 비해 11배 이상 늘었다"는 연구결과를 발표했어요. 북극곰은 얼음조각 위에서 물범, 바다표범 등을 사냥하는 **습성**을 가졌어요. 하지만 바다가 뜨거워지며 얼음이 녹아 북극곰의 **사냥터**가 줄어들고 있어요. 그렇다 보니 북극곰이 먹이를 사냥할 수 있는 기회가 줄어들고 당연히 아무 것도 먹지 못하는 기간이 길어지고 있어요. 1979년 1년에 12일밖에 굶지 않던 북극곰은 2020년 137일로 11배 이상 늘어난 것으로 분석돼요.

[3] 미국 지질조사국(USGS) 연구진은 북극곰들이 제대로 된 사냥 활동을 하지 못해 몸무게가 매우 빠른 속도로 빠지고 있다는 연구결과도 발표했어요. 이들은 캐나다의 매니토바 주 서부 허드슨만 지역의 북극곰 20마리를 관찰한 결과 모든 북극곰의 평균 몸무게가 하루에 평균 약 1kg씩 빠지고 있다는 것을 발견했어요. 이 같은 연구결과는 북극곰이 먹이를 제대로 먹지 못해 **아사**할 가능성이 높아지고 있다는 것을 의미해요.

 **키워드**

북극곰

북극 지방에 사는 곰으로 현존하는 곰과의 동물 중에서 가장 커요. 삶의 터전인 바다의 얼음이 녹자 북극곰들은 새로운 사냥터를 찾아 민물(강이나 호수와 같이 소금기가 없는 물) 얼음 조각을 임시 사냥터로 삼거나 육지에서 순록을 사냥하는 모습이 포착되기도 했어요. 캐나다에선 굶주린 북극곰들이 사람들의 거주지로 들이닥치자 레이더 등 탐지 시설을 동원해 북극곰의 위치를 살피기도 해요.

 **상식 점검 퀴즈**

Q. 북극곰 네 마리의 몸무게가 다음과 같다고 했을 때 이 북극곰들의 몸무게 평균을 식을 쓰고 구해보세요.

A 북극곰	B 북극곰	C 북극곰	D 북극곰
230kg	340kg	180kg	410kg

※정답: (230+340+180+410)÷4=290kg

한 뼘 더 상식 키우기

지구온난화로 북극곰인 듯 북극곰 아닌 곰들도 늘고 있어요. 북극곰들이 먹을거리를 찾아 점점 남쪽으로 내려오자 회색곰을 만나기도 하는데요. 그동안 활동영역이 달라 서로 만날 기회가 전혀 없었는데, 지구온난화로 이들 동물이 만나게 되면서 짝짓기를 해 새로운 곰이 탄생하고 있는 것. '피즐리곰'이라 불리는 이 곰들은 머리와 몸통은 흰색이지만 손과 발은 옅은 검은색을 띠고 있어요. 피즐리곰은 북극곰과 회색곰의 특징을 모두 갖고 있어 생태계를 파괴할 수 있다는 우려도 나와요.

단어 설명

습성 습관이 된 성질

사냥터 사냥을 하는 곳

아사 굶어 죽음

먹지 마세요, 생태계를 위해 양보하세요

[1] 아보카도는 **과육**이 특유의 부드럽고 고소한 맛을 내어 '숲속의 버터'라고도 불리는 과일이에요. 건강한 지방과 **식이섬유**, 비타민을 풍부하게 함유하여 몸에 좋고 맛도 좋은, 그야말로 **천상**의 과일로 꼽혀요.

[2] 이 같은 이유로 아보카도를 찾는 사람이 많아지다 보니 문제가 발생하기도 해요. 중남미의 나라인 멕시코에서 아보카도를 재배하기 위해 숲이 마구 파괴되고 있다는 소식이 전해졌어요. 일부 멕시코 농부들은 이웃 나라인 미국에 아보카도를 수출해 돈을 벌기 위해 불법으로 숲에 있는 나무들을 몽땅 베어내기도 해요. 멕시코의 환경 운동가들은 "숲이 매우 빠른 속도로 사라지고 있다"고 지적했어요.

[3] 아보카도는 물 부족 문제를 일으키기도 해요. 아보카도를 1kg 생산하기 위해서는 물이 무려 1000L가 필요해요. 아보카도를 많이 생산하는 또 다른 나라인 남미의 칠레에서는 일부 주민들이 아보카도를 기르는 데 물을 다 써버려서 정작 생활하는 데 필요한 물이 부족해 어려움을 겪고 있기도 해요. 상황이 이렇다보니 지속가능한 아보카도 소비 방법을 찾기 전에는 아보카도를 구입해서는 안 된다는 주장이 나오기도 해요.

 키워드

지방

지방은 탄수화물, 단백질과 함께 3대 영양소 중 하나로, 동물의 피부 아래와 근육, 간에 저장되는 에너지원이에요. 동물의 몸 안에서 사용되지 못한 에너지를 저장하는 중요한 역할을 하지만 지나치게 많을 경우 각종 질병의 원인이 되기도 하지요.

상식 점검 퀴즈

Q. 한 농장에서 오늘 하루 생산한 아보카도의 양이 25㎏라고 생각해봅시다. 이 아보카도를 생산하기 위해 물이 얼마나 들었을지 윗글을 참조해 계산해보세요.

※ 정답: 2만5000L(1㎏ 생산할 때 1000L의 물이 필요하다므로 25X1000은 2만5000)

한 뼘 더 생각 넓히기

사람들의 입맛 때문에 숲이 위험에 처한 아보카도의 사례처럼 사람들의 입맛 때문에 멸종 위기에 처한 생물도 있어요. 유럽의 많은 사람들은 '개구리 다리'를 즐겨 먹는데요. 이에 동남아시아에서 개구리를 수입하며 야생 개구리가 줄어들고 있다고 해요. 개구리가 줄어들면 우리 생태계에 어떤 피해가 발생할지 생각해 써보아요.

단어 설명

과육 씨를 둘러싸고 있는 살
식이섬유 채소, 과일, 해조류에 많이 들어 있는 단백질 실
천상 하늘 위

69 바다냐 땅이냐, 그것이 문제로다

[1] 북유럽 나라인 노르웨이가 2024년 1월 상업적인 목적으로 **심해 광물** 자원을 채취하는 것을 세계 최초로 허용했어요. 노르웨이 의회는 약 28만1000㎢에 달하는 북극의 깊은 바다에서 광물을 탐사하고 **채취**하는 것을 허용하는 것에 합의했지요.

[2] 이 같은 결정을 내린 것은 노르웨이의 바다에 귀한 자원이 엄청나게 많기 때문이에요. 노르웨이 과학기술대(NTNU)에 따르면 노르웨이 바다에 묻혀 있는 구리의 양은 최대 2170만t(톤)에 달해요. 2019년 기준 전 세계 구리 생산량보다 많은 양이에요. 아연은 최대 2270만t이 매장된 것으로 보고 있어요. 이 밖에도 리튬과 같은 자원이 풍부하다고 알려져요.

[3] 하지만 노르웨이의 결정에 대한 우려의 목소리가 나와요. 바다에서 자원을 캐는 과정에서 환경이 파괴될 수 있다는 것이지요. 따라서 **유럽연합(EU)**의 의원들은 노르웨이 정부에 공개적으로 편지를 보내 "바다에서 **채굴** 활동을 하는 것은 바다의 생물을 위협하며 기후변화에 악영향을 미칠 수 있다"고 경고했어요. 전 세계의 과학자 800여 명 또한 "바다 채굴이 생태계에 돌이킬 수 없는 손해를 끼칠 것"이라고 지적했지요.

키워드

심해 광물

바다 깊은 곳에 매장된 광물 자원을 말해요. 육지에서 채굴하는 석유나 석탄 같은 자원은 환경오염을 일으키지만 전 세계 바다 밑에는 환경오염을 일으키지 않는, 지속가능한 발전에 필요한 자원들이 많이 존재해 있지요. 이에 심해 광물을 채굴하면 전기차 배터리 등 친환경 기술에 필요한 자원을 얻을 수 있어 환경 보존에 도움이 될 것이라는 주장이 있어요. 하지만 반대로 심해 광물을 채굴하면 해양생물들에 영향을 줘 결국 환경을 해칠 것이라는 주장도 있답니다.

상식 점검 퀴즈

Q. 심해 광물을 채굴을 세계 최초로 허가한 나라의 이름과 그 나라가 어디에 위치해 있는지 써보아요.

※ 정답: 노르웨이, 북유럽

한 뼘 더 생각 넓히기

심해 광물 채굴에 대해 서로 다른 주장이 맞서고 있어요. 육지의 광물은 점점 사라져가고 있기 때문에 바다에 눈을 돌려야 한다는 주장이 있는 반면 해양생물들에 영향을 주면 결국 생태계 전체에 안 좋을 것이라는 입장도 있어요. 나는 어떤 의견에 동의하는지 써보아요.

단어 설명

심해 깊은 바다로, 보통 수심이 200m 이상 되는 곳을 가리킴
광물 땅속에 있는 천연 물질로, 철이나 금, 은 등이 대표적이다
채취 필요한 것을 거두어서 취함
유럽연합(EU) 유럽 나라들이 사회·경제·외교적으로 협력하기 위해 세운 기구
채굴 땅속에 묻혀 있는 광물을 캐냄

비좁은 축사만 아니면 깔끔한 동물이라고요!

[1] 2023년 10월 돼지 한 마리가 세상을 떠난 것이 알려지며 화제가 됐어요. 이 돼지의 이름은 '에스더'로 캐나다에 살다가 11세의 나이로 숨졌어요. 에스더는 원래 사람에게 고기를 제공하기 위해 길러지던 돼지예요.

[2] 가축이었던 에스더는 우연한 계기로 캐나다에 사는 두 남자에게 **입양** 되었어요. 그들은 에스더가 흔히 반려동물로 기르는 미니돼지인줄 알았으나 돼지는 점점 더 크게 자라기 시작했어요. 결국 에스더는 무려 300㎏까지 자라났지요. 두 남자는 에스더가 알고 보니 사육용 돼지였다는 것을 깨닫게 되었어요. 이들은 **사육**용 돼지도 인간과 정서적으로 **교감**할 수 있다는 것을 깨닫고 충격을 받았어요. 그리고 동물복지를 향상시키기 위한 방법을 찾기 시작했지요.

[3] 두 남자는 에스더를 기르면서 있었던 일을 소셜미디어에 올렸고 많은 사람들의 관심을 얻었어요. 덕분에 사람들은 돼지라는 동물의 새로운 모습에 대해 알게 됐어요. 돼지가 결코 지저분하고 **식탐**이 가득한 동물이 아니라는 사실과 가축이 얼마나 **열악**한 환경에서 **비참하게** 살아가는지를 깨닫게 해줬어요. 에스더는 많은 사람들이 돼지를 비롯한 다른 동물들을 바라보는 방식을 바꾸도록 하고 동물의 권리를 존중하는 것에 대해서도 생각해보게 했지요.

키워드
동물복지

동물이 배고픔이나 질병 등에 시달리지 않고 행복한 상태에서 살아갈 수 있도록 하는 것을 말해요. 동물에게 해를 가하거나 함부로 죽이는 일이 없도록 할 뿐 아니라 동물의 특성을 고려해 적절하게 보호하는 것도 포함해요. 최근 반려동물을 기르는 인구가 많아지며 반려동물뿐 아니라 산업적으로 활용되는 동물, 의학용 실험동물에까지 동물복지를 적용해야 한다는 목소리가 높아지고 있어요.

상식 점검 퀴즈

Q. 우리가 에스더를 통해 알게 된 사실이 아닌 것을 고르세요.

① 사육용 돼지도 인간과 정서적으로 교감할 수 있다.

② 돼지는 지저분하고 식탐이 가득한 동물이다.

③ 가축은 열악한 환경에서 비참하게 살아간다.

※ 정답 : ②

한 뼘 더 상식 키우기

돼지는 편견과 달리 음식에 대한 절제력을 갖춘 동물이에요. 스스로 정한 양만큼만 먹고 그 이상은 먹지 않는다고. 사실 돼지는 먹고 쉴 수 있는 충분한 공간만 제공된다면 잠자리와 배변을 가릴 줄 아는 깔끔한 동물이에요. 하지만 일부 농가에서 비좁은 축사(가축을 기르는 건물)에 돼지를 키우다보니 돼지가 더러운 배설물과 함께 생활해야만 했던 거죠.

단어 설명

입양 가족이 아닌 사람을 들임

사육 가축, 짐승이 자라도록 먹여 기름

교감 생각, 감정을 함께 나누어 가짐

식탐 음식을 탐냄

열악하다 품질이나 시설 등이 매우 떨어지고 나쁘다

비참하다 더할 수 없이 슬프고 끔찍하다

71 실종된 비봉이를 찾습니다

[1] 우리나라 수족관에 마지막으로 남아있던 남방큰돌고래인 비봉이는 지난 2022년 고향인 제주의 바다로 돌려보내졌어요. 비봉이는 2005년부터 수족관에 살았기 때문에 야생에 다시 적응하기 위해 훈련을 받기도 했어요. 그리고 드디어 2022년 10월부터 바다를 자유롭게 누빌 수 있게 되었지요.

[2] 하지만 바다로 돌아간 비봉이는 1년 넘게 우리에게 **포착**되지 않고 있어요. 정부는 비봉이의 등지느러미에 위치추적장치(GPS)를 부착했지만 비봉이가 바다로 돌아간 뒤로 단 한 번도 신호가 잡히지 않은 것으로 알려졌어요. 바다에서 비봉이를 찾으려 노력해봤지만 카메라, 무인기(드론) 등에도 잡히지 않고 있어요.

[3] 동물보호단체는 남방큰돌고래는 한 곳에 머무르며 살아가는 **특성**이 있는데, 비봉이가 이제껏 한 번도 발견되지 않은 것은 문제가 발생했다는 것을 의미한다고 2023년 밝혔어요. 비봉이가 야생에 적응하지 못하고 숨겼기 때문에 발견되지 않는다는 주장이지요. 비봉이를 풀어주기 전에 충분한 준비 과정이 없었기 때문에 비봉이가 바다에 적응하지 못한 것이라는 목소리도 나와요. 남방큰돌고래는 무리를 지어 사는 특성이 있는데 비봉이는 그간 동료 없이 홀로 지냈기 때문에 다른 동료와 사는 방법을 제대로 배우지 못했을 것이라는 분석이에요.

키워드
남방큰돌고래

평균 몸길이 2.6m에 몸무게 230kg의 체격을 가진 돌고래예요. 보통 5~15마리씩 무리 지어 다니는데, 가끔 100마리가 함께 이동하기도 하지요. 인도와 호주, 중국, 아프리카 등의 해안에 주로 살고, 한반도에선 유일하게 제주도 바다에서만 120마리 정도가 살고 있어요. 남방큰돌고래는 멸종위기에 처한 동물. 우리나라에선 2012년부터 해양보호생물로 지정돼 보호받고 있습니다.

상식 점검 퀴즈

Q. 서로 반대되는 사실을 나타내는 두 문장을 이어줄 때 쓰는 접속사가 있어요. 다음 문장의 빈칸에 들어갈 접속사이지요. 이것은 무엇인지 아래에 써보아요.

> 비봉이는 바다를 자유롭게 누빌 수 있게 됐다. [　　　　] 바다로 돌아간 비봉이는 1년 넘게 포착되지 않고 있다.

※ 정답: 하지만

한 뼘 더 생각 넓히기

제주 서귀포시 대정읍 근처 바다는 제주 남방큰돌고래들의 마지막 서식지예요. 하지만 바다에서 관광 선박들이 돌고래를 보기 위해 따라가며 남방큰돌고래들에게 스트레스를 주고 있어 문제예요. 이에 선박 관광을 제한하지 않으면 돌고래들이 제주 바다에서 영영 사라질 수도 있다는 지적이 나오지요. 선박 관광을 제한하자고 주장하는 내용의 글을 써보아요.

단어 설명
- **포착** 꼭 붙잡음
- **특성** 특수한 성질

72 아리따운 눈망울의 사슴이 골칫거리가 된 사연

[1] 미국의 수도 워싱턴 DC에서 사슴이 골칫거리가 되고 있어요. 온순한 **초식** 동물인 사슴이 사람을 공격하는 것도 아닌데 왜 골칫거리냐고요? 사슴의 **개체** 수가 너무 많아지다 보니 공원의 나무에 있는 풀이 남아나지 않기 때문이지요. 뿐만 아니라 사슴들이 먹이를 찾기 위해 사람들의 집에 들어가는 것도 문제가 되고 있어요.

[2] 워싱턴 DC의 룩크리크 공원에서 사슴이 처음 발견된 것은 1960년대의 일이에요. 이후 사슴은 꾸준히 늘어났어요. 사슴이 너무 많아지자 시는 아예 사슴의 개체 수를 **집계**하는 것을 포기했어요. 상황이 이렇다 보니 시는 통제할 수 없을 정도로 많아진 사슴의 개체 수를 조절하기 위해 **저격수**를 동원해 사슴을 사냥하고 있어요.

[3] 하지만 사슴을 사냥하는 것은 적절한 방법이 아니라는 목소리가 나와요. 인간이 생태계에 개입해 그 수를 통제하면 예상할 수 없는 부작용이 나타날 수도 있다는 것이지요. 그리고 시가 나서서 사슴을 사냥하는 것은 생명을 존중하지 않는 태도라는 지적도 있어요. 다른 동물도 함부로 사냥해도 된다는 인식을 심어줄 수 있다는 거예요.

 키워드

사슴

중대형의 초식(풀만 먹고 살아감) 동물로, 고라니, 노루, 순록 등 여러 종이 있어요. 미국 동부 지역에선 야생과 도심에 서식하는 사슴만 3000만 마리 이상으로 추정된다고 해요. 19세기만 해도 거의 멸종위기에 처했으나 최근 들어 개체 수가 늘어나 도시에도 나타나고 있지요. 주택가에 등장한 사슴들은 정원에 있는 풀을 뜯어먹거나 차량 통행에 방해가 되면서 문제가 생기고 있어요.

상식 점검 퀴즈

Q. 다음 나라의 수도를 찾아 올바르게 선으로 이어보세요.

① 미국   ㉠ 베이징
② 독일   ㉡ 워싱턴 DC
③ 중국   ㉢ 파리
④ 프랑스   ㉣ 베를린

※정답: ①-㉡, ②-㉣, ③-㉠, ④-㉢

 한 뼘 더 생각 넓히기

미국에서 늘고 있는 사슴의 개체 수를 조절하는 것에 대해 어떻게 생각하나요? 도시에 무분별한 피해를 주기에 개체 수를 줄여야 한다는 주장도 있지만 사슴을 사냥하는 것은 적절치 않다는 주장도 있어요. 나의 의견을 써보아요.

단어 설명

초식 풀만 먹고 삶
개체 하나의 독립된 생물
집계 한데 모아서 계산함
저격수 특정 대상을 겨냥해 총을 쏠 줄 아는 사람

우리 집 코코 나이가 나보다 많다고요?

[1] 가족만큼 소중한 반려견이 나와 평생 함께 살 수 있다면 얼마나 좋을까요? 우리 개가 몇 세까지 살 수 있는지를 **가늠**할 수 있는 연구결과가 나왔어요.

[2] 개들의 **평균 수명**이 크기와 생김새 등에 따라 결정된다는 연구결과가 2024년 2월 나왔어요. 영국의 한 동물단체는 이 나라에 사는 개 58만 마리를 대상으로 개들의 크기와 생김새, 성별 등이 수명에 미치는 영향을 조사한 결과 몸집이 작은 개가 큰 개보다 오래 사는 것으로 나타났어요. 예를 들어 말티즈 같이 몸무게가 2~3kg에 불과한 작은 개가 래브라도 리트리버처럼 체중이 20kg가 넘는 큰 개보다 평균적으로 오래 산다는 것이지요.

[3] 개의 얼굴 생김새도 수명을 결정하는 요인 중 하나로 조사됐어요. 주둥이가 긴 개가 얼굴이 납작한 개보다 오래 사는 것. 예를 들어 주둥이가 긴 미니어처 닥스훈트의 경우 평균 수명이 14세이지만 얼굴이 납작한 프렌치 불독은 평균 수명이 9.8세에 불과했어요. 또 성별도 수명에 영향을 미치는 것으로 나타났어요. 수컷보다는 암컷이 더 오래 산다는 점이 밝혀졌지요. 암컷의 평균 수명은 12.7세, 수컷은 12.4세로 암컷이 약간 더 길었지요.

 **키워드**

개의 수명

개의 평균 수명은 12세예요. 인간의 평균 수명은 80세가량이니 반려견의 1년은 인간의 6~7년에 해당하지요. 하지만 단순하게 1세인 반려견이 사람으로 쳤을 때 7세라고 보기에는 어려워요. 개들은 6세까지는 성장이 빠른 속도로 진행되어 사람의 나이 60세가량이 되지만 그 이후의 6년가량은 매우 천천히 늙어간다고 알려져요. 즉 노인으로 살아가는 기간이 개의 생애에서 절반 이상 차지하는 것이지요.

 **상식 점검 퀴즈**

Q. 다음 각각의 동물 그룹 중에 더 오래 살 것으로 예상되는 동물에 각각 동그라미 쳐보세요.

① 몸무게 2.5㎏의 말티즈 / 몸무게 22㎏의 래브라도 리트리버

② 닥스훈트 / 프렌치 불독

③ 암컷 푸들 / 수컷 푸들

※정답: ① 말티즈 ② 닥스훈트 ③ 암컷 푸들

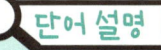 **한 뼘 더 상식 키우기**

프렌치 불독의 평균 수명은 유독 짧아요. 다른 개들에 비해 주둥이가 매우 짧다 보니 숨을 제대로 쉬기가 어려워 선천적으로 건강하지 못한 편이라고 해요. 특히 피부에 염증이 나타나거나 소화를 제대로 못시키는 경우도 많지요. 이는 모두 프렌치 불독이 인간의 생활 습관이나 취향에 맞게 개량(나쁜 점을 보완하여 더 좋게 고침)시킨 끝에 탄생한 종이기 때문이지요.

🔍 **단어 설명**

가늠하다 어림잡아 헤아리다
평균 수명 평균적으로 누린 수명(살아 있는 햇수)

74 의사 같기도, 농부 같기도, 건축가 같기도…

[1] 지구상에 존재하는 개미는 무려 2경 마리에 달한다는 연구결과가 있어요. 1경은 1조의 1만 배이며 1조는 1억의 1만 배이지요. 지구에 사는 개미의 무게를 모두 더하면 모든 야생 조류와 포유류 동물의 무게를 합한 것보다 무거워요.

[2] 동료를 치료하는 역할을 하는 개미가 있다는 사실이 2024년 1월 밝혀졌어요. 독일의 뷔르츠부르크대 등 국제 연구진은 개미가 마치 사람처럼 다친 동료의 상처를 치료할 수 있다는 연구결과를 발표했어요. 아프리카의 사하라 사막 남쪽에 사는 마타벨레 개미들은 다친 동료의 상처를 보고 세균에 **감염**됐을 경우 가슴 부위에서 **항생물질**을 내뿜어 동료에게 발라준다는 것이 확인된 것이지요. 실제로 이 물질은 상처를 치료하는 효과를 가진 것으로 확인됐어요.

[3] 개미는 동료뿐 아니라 나무를 치료하는 데 도움을 주기도 해요. 중남미 나라인 파나마에 사는 아즈테카 개미는 나무의 줄기에 난 구멍을 치료하는 능력이 있어요. 이 개미는 나무의 마디 안에 둥지를 틀고 살아가다가 나무에 구멍이 생기면 **섬유질**과 **수액**을 섞은 것을 발라 상처 부위를 치료하는 것으로 밝혀졌어요. 개미들은 나무에서 애벌레를 길러야 하기 때문에 나무가 숨지지 않도록 열심히 관리하는 것으로 보여요.

 **키워드**

포유류

새끼를 낳아 젖을 먹여 기르는 동물을 말해요. 허리뼈가 있는 동물로 뇌가 발달해 지능이 높은 편이지요. 사람도 대표적인 포유류입니다. 한편 새와 같은 동물은 '조류', 뱀 같은 동물은 '파충류', 개구리 같은 동물은 '양서류'라고 해요.

상식 점검 퀴즈

Q. 다음 중 포유류인 동물을 모두 고르세요

> 개   고래   돼지   닭   악어   거북이

※정답: 개, 고래, 돼지

한 뼘 더 상식 키우기

지구상의 모든 개미가 생태계에서 긍정적인 역할만 하는 건 아니에요. 꼬리에 독침을 가진 '붉은불개미'는 사람은 물론이고 농작물이나 다른 개미, 파충류를 해치지요. 사람이 독침에 쏘이면 통증과 함께 가려움을 느낄 수 있어 붉은불개미는 세계자연보호연맹이 정한 세계 100대 악성 침입외래종이랍니다.

단어 설명

감염 병균이 사람이나 동식물의 몸안에 들어가 퍼짐

항생물질 세균이나 미생물의 성장을 막는 물질

섬유질 미세한 실 모양으로 이뤄진 물질

수액 식물의 줄기를 지나 잎으로 올라가는 액체

이 동물이 사는 곳은 석기시대부터 명당이었느니라

[1] 비버는 커다랗고 튼튼한 앞니로 나무를 갉아 모은 뒤 강에 집을 짓는 동물이에요. 지름이 30㎝인 나무도 10분이면 갉아서 쓰러뜨릴 정도로 비버는 집 짓는 능력이 탁월하지요. 그래서 별명이 '자연의 목수'예요.

[2] 비버가 만드는 집은 강 주변에 사는 동물들에게 도움이 돼요. 비버가 강의 한가운데에 나뭇가지를 빽빽하게 엮어서 짓는 집은 마치 **댐**과 같은 역할을 해요. 물길이 가로 막히면서 주변에 **습지**가 생기는 거예요. 습지는 축축한 곳에 사는 개구리, 수달 같은 동물들에게 **서식지**가 되어주지요.

[3] 석기시대에 살았던 사람들의 생활 방식에도 비버가 큰 영향을 미쳤다는 연구결과가 2023년 10월 나왔어요. 네덜란드의 라이든대 연구팀은 유럽 곳곳에서 발견된 **고고학** 자료를 분석한 결과 당시 사람들은 비버를 사냥해 가죽과 고기를 얻었으며 비버의 뼈와 이빨로는 도구를 만들기도 했지요. 뿐만 아니라 석기시대 사람들은 비버의 서식지 주변에서 살았어요. 비버의 서식지 주변에 비버뿐 아니라 다른 동물들이 몰려들면서 사냥거리가 충분했기 때문이지요.

 **키워드**

석기시대

돌을 이용하여 칼, 도끼 등의 기구를 만들어 쓰던 시대를 말해요. 인류의 문화가 처음으로 발달했던 시대예요. 역사를 기록하기 이전이라는 뜻으로 '선사시대'라고도 해요.

약 300만 년 전부터 '구석기시대'가 시작되었는데, 이때는 자연에서 얻은 돌을 도구로 사용했어요. 그러다가 기원전 1만2000년 전 무렵부터 '신석기시대'가 시작되었어요. 자연에서 얻은 돌을 갈아 날카롭거나 뾰족하게 만들어 사용했지요.

 **상식 점검 퀴즈**

Q. 석기시대에 살았던 사람들이 비버의 서식지 주변에 거주했던 이유로 적절하지 않은 것을 고르세요.

① 비버를 사냥해 가죽과 고기를 얻기 쉬웠기 때문

② 비버의 뼈와 이빨로 도구를 만들 수 있었기 때문

③ 비버가 만든 습지에서 물을 구하기 쉬웠기 때문

※정답: ③

한 뼘 더 상식 키우기

비버가 만든 댐은 강의 물을 맑게 해 수질 환경에 도움을 주는 것으로 널리 알려져 있는데요. 하지만 최근에는 비버의 댐으로 지구온난화가 심화된다는 지적도 나와요. 북극의 기온이 올라가면서 비버들도 북쪽으로 이동하고 있는데, 비버가 만드는 습지가 북쪽의 땅을 더 빨리 녹게 하고 있는 것이죠.

단어 설명

댐 강이나 바닷물을 막아 두기 위해 쌓은 둑(언덕)

습지 습기가 많은 축축한 땅

서식지 생물이 자리를 잡고 사는 곳

고고학 유물과 유적을 통해 옛 사람들의 생활을 연구하는 학문

76 입에 계속 당기는 된장찌개 같은 바로 그 맛!

[1] 고양이는 생선 중에서도 참치를 특히 좋아해요. 주인이 참치 캔을 따면 고양이는 냄새를 맡고 바로 달려오지요. 고양이가 참치를 좋아하는 이유가 과학적으로 밝혀졌어요. 참치가 내는 감칠맛을 잘 느끼도록 진화했다는 연구결과가 2023년 발표됐지요. 감칠맛은 다시마를 넣고 끓인 국물 등을 먹을 때 흔히 느껴지는 맛으로 입맛을 돋우는 역할을 해요.

[2] 이제껏 인간만이 감칠맛을 느낄 수 있는 것으로 알려졌지만 영국의 한 연구진은 이 같은 상식이 틀렸다는 결과를 내놓았어요. 연구진은 고양이가 감칠맛을 어떻게 느끼는지 확인하기 위해 **유전자**를 분석했어요. 그 결과 고양이의 **미뢰**에 감칠맛을 감지하는 유전자인 'Tas1r'과 'Tas1r3'가 있다는 것이 확인됐지요. 이 유전자는 인간에게도 있는 것들이에요.

[3] 하지만 고양이는 단맛은 느끼지 못해요. 고양이는 **육식동물**이기 때문이지요. 고양이가 주로 먹는 익히지 않은 고기에는 단맛을 내는 성분이 없어요. 그렇기에 고양이는 몸에서 단맛을 느낄 수 있는 세포가 결국 사라지게 된 것이지요.

 **키워드**

감칠맛

△단맛 △신맛 △짠맛 △쓴맛과 더불어 다섯 가지 기본 맛 중에 하나예요. 감칠맛은 1907년 일본 도쿄대 화학과의 이케다 기쿠나 교수가 발견했어요. 어느 날 된장국이 유난히 맛있었는데, 비법은 다시마에 있다는 것을 확인하고 실험에 돌입한 이케다 교수는 다시마를 끓인 물에서 나오는 '글루탐산'이라는 물질이 오묘한 맛을 낸다는 사실을 확인했어요. 다시마 외에도 토마토, 연어, 버섯 등과 같은 재료가 감칠맛을 내는 것으로 알려졌답니다.

 **상식 점검 퀴즈**

Q. 다음의 음식에서 느껴지는 맛을 찾아 선으로 이어보세요.

① 솜사탕   ㉠ 신맛

② 레몬   ㉡ 짠맛

③ 소금   ㉢ 쓴맛

④ 커피   ㉣ 단맛

※정답: ①-㉣, ②-㉠, ③-㉡, ④-㉢

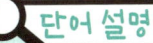 **한 뼘 더 상식 키우기**

물고기를 주로 먹지만 생선의 감칠맛은 못 느끼는 동물도 있어요. 바로 황제펭귄! 이들은 감칠맛은 물론 단맛과 쓴맛도 못 느끼는데, 추운 남극에 살아 다양한 맛을 느끼게 하는 유전자가 제대로 작동하지 못하기 때문이라네요.

단어 설명

유전자 생물 개개인의 특징을 나타내는 원인이 되는 것

미뢰 혀에 있는, 맛을 느끼는 데 도움을 주는 기관

육식동물 다른 동물의 고기를 먹고 사는 동물

'자연의 청소부'라 불리주소똥구리!

77

[1] 옛날에는 우리나라에서 가축의 똥을 동글동글하게 굴리는 소똥구리라는 곤충을 흔하게 볼 수 있었어요. 하지만 현대에 들어 위생상의 이유로 가축의 배설물을 한데 모아

처리하게 되면서 가축의 똥을 먹고 사는 소똥구리가 **자취**를 감추게 되었지요. 1970년대를 끝으로 소똥구리가 야생에서 관찰됐다는 공식적인 기록은 찾아볼 수 없어요.

[2] 우리나라에서 **멸종**된 소똥구리를 **복원**하는 사업이 2023년 추진됐어요. 국립생태원 멸종위기종복원센터가 충남 태안시 신두리사구에 소똥구리 200마리를 **방사**한 것이지요. 신두리사구는 건조한 환경이라 소똥구리가 배설물을 돌돌 굴리기에 적합한 것으로 평가 받아요. 과거 한국에 살았던 소똥구리와 유전적으로 같은 소똥구리를 몽골에서 들여왔고 후보지를 결정해 이들을 풀어준 거예요.

[3] 소똥구리는 자연에서 청소부의 역할을 하는 **익충**이에요. 소똥구리가 소, 말, 양과 같은 동물의 배설물을 먹어서 분해한 배설물은 땅을 건강하게 만들어요. 소똥구리가 가축의 똥을 분해하면 가축의 배설물이 썩으면서 메탄과 같은 **온실가스**가 발생하는 것과 가축의 배설물이 강으로 흘러가 물을 오염시키는 것을 막을 수 있지요.

 키워드

멸종위기종복원센터

우리나라에서 사라졌거나 멸종위기에 처한 야생생물을 복원하고, 그 수를 늘려 보전하기 위한 국립생태원의 전문 연구기관이에요. 멸종위기종에 대한 서식지 조사를 진행하면서 복원할 수 있는 기술을 개발 생물 복원 사업을 펼치기도 해요.

 상식 점검 퀴즈

Q. 소똥구리가 멸종하게 된 이유는 무엇인지 써보세요.

※정답: 가축에게 먹이던 항생물질이 소똥에 남아 서식지가 사라지고 농약과 같은 오염 물질 때문에 소똥구리가 사는 곳이 줄었기 때문이다.

한 뼘 더 상식 키우기

호주는 소똥구리를 활용해 파리의 수를 줄이기도 했어요. 호주의 원주민들은 과거에 소를 키우지 않았어요. 유럽인들이 호주로 이주하면서 많은 소를 들여와 키우기 시작했지요. 이후 곳곳에 소똥이 널리게 되자 파리가 몰려드는 문제가 심각해졌는데, 호주 과학자들은 이 문제를 해결하기 위해 남아프리카공화국에서 소똥구리를 들여왔어요. 소똥구리들이 소똥을 먹어치우자 호주에선 파리가 90%나 줄었다고 하네요.

단어 설명

자취 어떤 것이 남긴 표시

멸종 생물의 한 종류가 아주 없어짐

복원 원래대로 회복함

방사하다 가축 등을 놓아서 기르다

익충 사람에게 이익을 주는 곤충

온실가스 공기를 뜨겁게 만드는 가스를 이르는 말

78 지구의 '보물 창고'는 건들지 말아주렴

[1] 남미의 나라 에콰도르에서 동쪽으로 약 1000㎞ 떨어진 섬 갈라파고스는 수백만 년 동안 발견되지 않고 대륙과 동떨어져 있었어요. 그래서 이 섬에서만 관측되는 **고유종**이 많아요. 갈라파고스는 생물다양성의 **보고**로 여겨지지요.

[2] 신비로운 섬 갈라파고스에서 2024년 1월, 일부 사람들이 새해를 맞이해 하늘에 폭죽을 터트리는 행사를 벌여 논란이 됐어요. 불꽃놀이를 할 때 발생하는 소음이나 빛, 연기 등이 갈라파고스에 사는 **희귀종**을 위협할 수도 있다는 지적이 나온 것이지요. 실제로 갈라파고스에서는 소음을 발생시키는 폭죽을 터트리는 것이 금지돼 있어요. 이번에 사용된 폭죽은 소음을 내지는 않은 것으로 알려졌지만 행사 이후에 일부 바다 생물이 숨져 불꽃놀이가 원인이 아니냐는 비판도 이어졌어요.

[3] 이밖에도 갈라파고스에 사는 고유종들은 생명의 위협을 받고 있는 것으로 전해져요. 가장 큰 원인은 바로 인간의 관심. 영국의 생물학자 찰스 다윈이 갈라파고스를 탐험한 이후 세계에 이 섬의 존재가 알려지면서 매년 약 28만 명의 관광객이 이곳을 방문하고 있어요. 관광객들이 타고 오는 배에서 새어나오는 기름과 이들이 버린 플라스틱 쓰레기 등이 환경을 오염시키면서 갈라파고스의 생물들이 고통을 받는 것이지요.

키워드

찰스 다윈

찰스 다윈(1809~1882)은 1835년 탐험선을 타고 갈라파고스에 도착한 이후 이곳에서 여러 생물들을 관찰하고 '진화론'을 주장한 영국의 생물학자예요. 진화론은 모든 생물은 하나의 조상에서 시작해 오랫동안 점차 진화해왔다는 이론으로, 다윈은 '종의 기원'이라는 책에서 모든 생물은 환경의 변화에 적응하는 방향으로 진화해왔다고 주장했습니다. 당시만 해도 신이 모든 생물을 만들었다고 믿는 '창조론'이 지배적이었기에 그의 주장은 파격적이었답니다.

상식 점검 퀴즈

Q. 다음 빈칸에 들어갈 적절한 말을 써보세요.

> 1835년 갈라파고스를 방문한 영국의 생물학자 ○○○○은 □□□□이라는 책을 통해 △△△을 주장했다.

※정답: 찰스 다윈, 종의 기원, 진화론

한 뼘 더 생각 넓히기

갈라파고스에선 최근 들어 인간 탓에 파괴되고 있어요. 관광객 수가 늘어나자 각종 시설이 들어서면서 곳곳이 파헤쳐지고 있는 것이지요. 갈라파고스에 방문하려는 사람들에게 전하고 싶은 말을 아래에 써보아요.

단어 설명

- **고유종** 어느 한 지역에만 있는 생물 종
- **보고** 보물 창고. 귀중한 물건이 간직된 곳을 이르는 말
- **희귀종** 드물어서 매우 귀한 품종

크앙~ 내 뼈를 팔고, 산다고?

[1] 지금으로부터 약 2억 년 전 지구에 나타나 1억 년 넘게 이 행성의 주인이었던 공룡. 이들은 6600만 년 전 지구에 충돌한 **소행성**으로 인해 멸종을 맞이한 것으로 알려졌어요. 당시 지름이 10㎞가 넘는 소행성이 오늘날 남미의 멕시코 앞바다에 떨어진 것으로 추정돼요.

[2] 비록 공룡은 **멸종**했지만 현대의 과학자들은 오늘날까지 남아있는 공룡의 **화석**을 바탕으로 당시 공룡의 생태에 대한 연구를 진행해요. 공룡의 화석은 과거 생태계를 비롯해 고대 지구의 모습을 유추할 수 있는 중요한 근거가 되는 것이지요.

[3] 상황이 이렇다 보니 유럽에서는 공룡의 화석이 개인에게 판매되는 것이 적절하지 않다는 주장도 나와요. 2023년 10월 프랑스의 파리에서 열린 경매에 1억5000만 년 전 살았던 캄프토사우루스라는 **초식** 공룡의 화석이 등장했어요. 이 공룡 화석의 이름은 '배리'로, 1990년대 미국 와이오밍 주에서 이 화석을 처음 발견한 고생물학자인 배리 제임스에서 따왔지요. 공룡의 화석 가운데 80%가 온전한 상태로 발견되어 연구 가치가 매우 뛰어난 편이지요. 따라서 "공룡의 화석을 경매에 부쳐 개인에게 판매하는 것은 과학계에 큰 손실이 될 것"이라는 지적이 나오기도 했어요.

경매

특정 물건을 사려는 사람들 중 가장 높은 가격을 제시한 사람에게 물건을 파는 방법을 말해요. 경매에 참가해 특정 물건을 사기 위해 가격을 제출하는 일은 '입찰'이라고 하지요. 경매에 나온 물건이 귀하게 여겨져 사려는 사람이 많으면 서로 사려고 경쟁할 테니 판매 가격이 높아지고, 물건의 가치가 낮다고 여겨져 사려는 사람이 많지 않으면 낮은 가격에 판매되거나 판매되지 않기도 해요.

상식 점검 퀴즈

Q. 초식 공룡은 풀만 먹고 산 공룡을 이르는 말이에요. 풀을 먹지 않고 다른 공룡이나 생물을 사냥해 고기를 먹고 산 공룡은 무엇이라고 할까요?

※ 정답: 육식 공룡이요

한 뼘 더 생각 넓히기

공룡 화석을 경매하는 것에 대해 누구나 공룡 화석을 소유할 권리가 있다는 의견이 있어요. 반면 연구자나 미래 세대들을 위해 과학적 가치가 뛰어난 공룡 화석을 사고파는 것은 제한해야 한다는 의견도 있지요. 나는 어떤 의견에 동의하는지 써보아요.

단어 설명

소행성 화성과 목성 사이의 궤도를 도는 작은 행성
멸종 생물의 한 종류가 아주 없어짐
화석 동물의 죽은 몸 또는 그 흔적이 암석 속에 그대로 남아 있는 것
초식 풀만 먹고 삶

'핫(hot)하게' 하는 연료, 퇴출해? 말아?

[1] 2023년 12월 마무리 된 제28차 유엔 기후변화협약 당사국총회(COP28)에서 참가국들은 '화석연료로부터 벗어나기 위한 **전환**'에 합의했어요. 화석연료에서 벗어나기 위한 계획을 담은 세계 최초의 국제적 합의안이 나온 것이라는 평가가 나왔어요.

[2] 화석연료는 오랜 시간 땅속에 묻혀 화석처럼 굳어진 물질 가운데 석탄, 석유, 천연가스와 같이 우리가 에너지원으로 활용할 수 있는 것을 의미해요. 인류에게 없어서는 안 될 귀중한 자원이지만 화석연료를 사용하는 과정에서 어마어마한 양의 **온실가스**가 발생한다는 문제가 있어요. 대표적인 온실가스로는 이산화탄소가 꼽히지요. 온실가스는 지구의 온도를 높이는 **주범**으로 지목되어 세계는 온실가스를 줄이기 위한 방법을 **고심**하는 모습이에요.

[3] COP28과 같은 기후 회의를 여는 것도 이 같은 시도 중 하나예요. 하지만 이번 COP28에서 화석연료를 '**퇴출**'한다는 표현이 합의문에서 빠졌다는 것이 아쉬움으로 남기도 해요. 이 단어가 삭제된 것은 석유를 판매하는 산업으로 돈을 벌어들이는 중동의 **산유국**들의 반발이 있었기 때문이에요. 사우디아라비아와 같은 중동의 영향력 있는 나라가 "퇴출이라는 단어를 삭제하라"고 강력하게 요구했고 결국 이것이 받아들여진 것이지요.

키워드

유엔기후변화협약 당사국총회(COP)

유엔기후변화협약은 지구온난화에 대처하기 위해 세계 각국이 동의한 협약이에요. 정식 명칭은 '기후변화에 관한 유엔 기본협약'으로 1992년 6월 브라질 리우회의에서 채택돼 1994년 발효(효력이 발생함)됐지요. 전 세계 190여 개 나라가 이 협약에 가입되어 있는데, 협약에 가입된 당사국(관계에 있는 나라)들은 해마다 모여 기후변화를 막기 위한 구체적인 방법을 논의해요. 2023년에는 제28차 총회가 중동의 아랍에미리트(UAE) 두바이에서 열렸어요.

상식 점검 퀴즈

Q. 다음 중 화석연료가 아닌 것을 고르세요.

① 석유   ② 석탄   ③ 천연가스   ④ 이산화탄소

※정답: ④

한 뼘 더 생각 넓히기

국제에너지기구(IEA)에 따르면 석탄, 석유 등의 화석연료는 아직 전 세계 에너지 생산량의 약 80% 이상을 차지하고 있어요. 지구온난화가 나날이 심화하고 있어 화석연료의 퇴출을 미룰 수 없다는 의견이 많지만 세계 에너지가 대부분 화석연료로 생산되기 때문에 완전히 퇴출하는 것은 아직 이르다는 주장도 있지요. 나는 어떤 입장에 동의하는지 써보아요.

단어 설명

전환 다른 방향으로 바뀜

온실가스 공기를 뜨겁게 만드는 가스를 이르는 말

주범 나쁜 결과를 만드는 주된 원인

고심 몹시 애를 태우며 마음을 씀

퇴출 물러나서 나감

산유국 석유를 생산하는 나라

CHAPTER

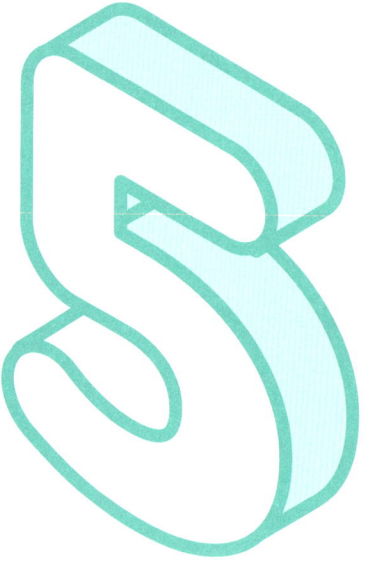

문화 | 스포츠

81. 갈기갈기 찢어진 그림도 예술이 됩니다

82. 그녀가 떴으니 지갑을 열어볼까?

83. 너도 우리나라의 효자가 되어줘!

84. 대한민국의 아이돌 그룹을 모셔오세요!

85. 마법 같은 신비함 간직한 '철의 나라'

86. 비틀스여, 다시 부활해주오!

87. 빛, 안개, 수련… 그리고 매연?

88. 사이좋게 번갈아가면서 손에~ 손잡고요!

89. 세계에서 가장 유명한 생쥐랍니다 찍찍

90. 소신에게는 아직 키보드와 마우스가 있습니다

91. 스타 선수와의 동행, Just Do It(해보는 거야)

92. 실력은 세계 1위, 마음가짐은 우주 1위

93. 언제나 나처럼 '스마~일' 하세요!

94. 올림픽 메달 땄는데 환하게 웃지 못했던 이유

95. 작은 고추가 매워진 비법이 궁금해?

96. 태극 전사도 '별들의 전쟁'에 참전합니다

97. 한국식 이름에 자부심 느낍니다!

98. 헉, 헉… 그리스가 페르시아를 이겼습니다!

99. 혹시 만화 찢고 나온 주인공인가요?

100. 황금빛 글러브 안에 모든 공이 쏙쏙

갈기갈기 찢어진 그림도 예술이 됩니다

[1] **본명**과 나이, 얼굴을 전혀 공개하지 않고 활동하는 영국 출신의 화가 뱅크시(Banksy)는 전 세계의 도시를 돌아다니며 **벽화**를 남기곤 해요. 그는 주로 그림을 통해 사회적 문제를 날카롭게 꼬집어요.

[2] 뱅크시가 남긴 그림이 수난을 겪고 있어 문제예요. 훼손되거나 도난당할 위기에 처한 것. 뱅크시는 러시아의 **침공**으로 전쟁이 벌어지고 있는 우크라이나에 방문해 곳곳에 희망의 메시지를 담은 벽화를 남겼어요. 전쟁으로 고통 받는 우크라이나 주민들을 위로하고 전쟁이 끝나기를 바라는 마음을 담은 것. 그런데 이것을 높은 가격에 팔아서 돈을 벌기 위한 목적으로 훔쳐가려던 사람들이 경찰에 붙잡히기도 했어요. 문제의 작품은 한 여성이 목욕탕 가운을 입은 채 소화기를 들고 서 있는 모습을 그린 그림이었어요. 전쟁으로 인해 일상을 빼앗긴 주민들을 상징해요.

[3] 러시아의 **공습** 등으로 뱅크시의 벽화가 훼손될 우려에 처해 작품을 옮기는 사례도 있어요. 2023년 5월 우크라이나의 작은 도시인 이르핀에서는 시가 직접 나서 뱅크시의 벽화를 통째로 떼어 안전한 곳으로 옮겼어요. 이 벽화는 리듬체조 선수가 리본을 흔드는 모습을 그린 것으로 체조 **강국**인 우크라이나와 이 나라의 씩씩한 시민들을 상징해요.

 키워드

뱅크시

본명과 나이, 얼굴을 일절 공개하지 않아 '얼굴 없는 예술가'라고도 불리는 영국의 화가. 뱅크시는 1990년대~2000년대 초 영국 남서부의 브리스톨이라는 도시에서 그라피티(벽에 스프레이나 페인트로 그린 그림)로 작품 활동을 시작하면서 세계적인 명성을 얻었어요. 아무도 몰래 거리의 벽에 그림을 그리고 사라지는 것으로 유명한데, 독특한 시각으로 정치와 사회 이슈에 대한 남다른 메시지를 전해요.

상식 점검 퀴즈

Q. 다음 중 우크라이나에 대한 설명으로 적절하지 <u>않은</u> 것을 고르세요.

① 러시아와 전쟁을 치르고 있다.

② 체조 강국이다.

③ 뱅크시가 태어난 나라다.

※정답: ③

한 뼘 더 생각 넓히기

뱅크시의 그림 중 '풍선과 소녀'라는 그림은 한 경매에 등장해 15억 원에 낙찰되자마자 액자 속 그림이 여러 가닥으로 찢어졌어요. 뱅크시가 액자에 특별 장치를 설치해 일부러 찢어지게 만든 거죠. 이후 찢어진 그림은 2021년 302억 원에 낙찰됐어요. 뱅크시는 "파괴하고자 하는 욕망도 창조하고자 하는 욕구"라고 말했지요. 뱅크시의 말처럼 정말로 이 또한 예술일까요? 의견을 써보아요.

단어 설명

본명 원래의 이름

벽화 벽에 그린 그림

침공 다른 나라를 불법으로 쳐들어가 공격함

공습 비행기를 이용해 하늘에서 공격을 함

강국 앞서 있는 나라

82 그녀가 떴으니 지갑을 열어볼까?

[1] 미국의 여성 가수인 테일러 스위프트가 연일 새로운 역사를 쓰고 있어요. 스위프트는 2023년 말 미국의 시사주간지 타임이 선정한 올해의 인물에 꼽혔어요. 연예계 인물이 자신의 **본업**으로 올해의 인물에 뽑힌 것은 처음이지요. 타임은 그가  음악계는 물론 사회 전반에 큰 영향력을 미치고 있다고 평가했어요. 실제로 스위프트가 공연을 여는 도시의 경제가 활성화되는 등의 효과가 나타나면서 '스위프트노믹스'라는 말까지 나왔을 정도.

[2] 스위프트는 미국의 대중음악 잡지인 빌보드가 발표하는 앨범 차트에서 가장 오랜 기간 1위를 차지한 **솔로** 가수가 되기도 했어요. 미국의 전설적 가수였던 엘비스 프레슬리(1935~1977)의 기록을 깬 것이라 주목받았지요. 스위프트는 빌보드 메인 앨범 차트인 '빌보드 200'에서 그동안 발표한 13개의 앨범으로 총 68주간 차트의 정상을 차지했어요.

[3] 스위프트는 2024년 1월 미국에서 가장 **권위** 있는 대중음악 시상식인 그래미 어워즈에서 최고상인 '올해의 앨범'을 받기도 했어요. 그가 올해의 앨범을 수상한 것은 이번이 4번째로, 이 시상식에서 가장 많은 기록이에요.

키워드

스위프트노믹스(Swiftnomics)
테일러 스위프트의 성인 '스위프트(Swift)'와 경제를 뜻하는 '이코노미(Economy)'가 합쳐진 말로, 스위프트의 공연이 큰 경제적 파급 효과를 일으킨다는 뜻으로 사용돼요. 미국 내 지역에 스위프트가 공연을 한다고 하면 그를 보려는 사람들이 몰려들면서 해당 지역 호텔과 음식점 등은 기록적인 매출을 올리기도 해요. 스위프트와 '경기(경제 활동 상태) 부양'을 가리키는 '리프트(Lift)'를 합쳐 '스위프트 리프트'라는 말도 생겨났답니다.

상식 점검 퀴즈

Q. 다음 중 스위프트와 관련 있는 설명이 <u>아닌</u> 것을 고르세요.

① 미국의 신문 뉴욕타임즈가 선정한 올해의 인물

② 빌보드 앨범 차트에서 가장 오랜 기간 1위를 차지한 솔로 가수

③ 미국 그래미 어워즈에서 '올해의 앨범' 4회 수상

※정답: ①

한 뼘 더 상식 키우기

테일러 스위프트는 음반 판매와 공연 개최 등 본업만으로 억만장자에 오르기도 했는데요. 2023년 10월, 미국 블룸버그통신이 발표하는 '블룸버그 억만장자 지수'에 공식적으로 이름을 올렸지요. 이에 따르면 스위프트의 순자산은 약 1조 5000억 원. 그가 보유한 자산을 비롯해 음반 판매액, 콘서트 입장권, 관련 상품 등을 토대로 계산된 금액이랍니다.

단어 설명
- **본업** 주가 되는 직업
- **솔로** 혼자 노래하거나 연주함
- **권위** 뛰어나다고 인정을 받고 영향을 끼칠 수 있는 능력

83 너도 우리나라의 효자가 되어줘!

[1] 우리나라의 수도 서울에도 **대관람차**가 들어서게 될 것으로 보여요. 현재 영국의 런던, 일본의 도쿄 등 세계 도시의 수도에는 대관람차가 있는데 모두 도시의 랜드마크로 여겨져요. 영국 런던에 있는  대관람차 '런던 아이'는 런던을 대표하는 관광지예요.

[2] 서울시는 월드컵공원(마포구 상암동)에 2027년까지 대관람차를 설치하겠다는 계획을 2023년 12월 발표했어요. 이 관람차의 **가칭**은 '서울 트윈 아이'예요. 두 개의 거대한 고리가 **교차**하는 형태로 설치될 예정이지요. **지름**이 180m인 이 관람차에는 총 64개의 캡슐이 설치되며 한 번에 1440명이 탑승할 수 있어요. 서울시는 대관람차가 남산서울타워(서울 용산구), 롯데월드타워(서울 송파구)와 같이 서울을 대표하는 **명소**가 되기를 기대한다고 밝혔어요.

[3] 현존하는 대관람차 가운데 가장 큰 것은 바로 중동의 아랍에미리트(UAE) 두바이에 있는 '아인 두바이'예요. 지름이 무려 250m에 달하고 한 번에 1750명을 태울 수 있지요. '두바이의 눈'이라 불리며 많은 사람이 찾았지만 2022년 7월부터 운영이 중단되어 현재 두바이에 가더라도 직접 탑승하진 못해요.

키워드

랜드마크

어떤 지역을 대표하는 자연물이나 건축물을 말해요. 프랑스 파리의 랜드마크는 에펠탑, 미국 뉴욕의 랜드마크는 자유의 여신상이지요. 잘 만든 랜드마크 하나는 지역의 효자 노릇을 톡톡히 해요. 스페인의 빌바오는 1990년대만 해도 인구가 50만 명이 채 되지 않는 작은 도시였지만 구겐하임 미술관이 들어선 이후 지역 경제가 크게 성장했지요. 이처럼 랜드마크가 지역에 미치는 긍정적인 영향을 가리켜 '빌바오 효과'라고도 한답니다.

상식 점검 퀴즈

Q. 다음 중 현재 탑승이 가능한 대관람차를 고르세요.

① 서울 트윈아이   ② 아인 두바이   ③ 런던 아이

※정답: ③

한 뼘 더 상식 키우기

대관람차의 아버지가 에펠탑었다는 사실을 아나요? 최초의 대관람차를 개발한 건 미국의 건축가 조지 페리스. 1893년 열린 미국 시카고 엑스포에서 그의 이름을 딴 '페리스 힐'이라는 대관람차가 선보였지요. 앞서 1889년 열린 파리 엑스포에서 에펠탑이 첫 선을 보여 큰 주목을 받자 이에 자극 받은 미국이 엑스포를 기념해 만든 게 바로 대관람차예요. 대관람차의 등장이 에펠탑 때문이라고 해도 지나친 말이 아니지요.

단어 설명

대관람차 바퀴 모양의 둘레에 작은 공간을 여러 개 만든 뒤 그곳에 사람이 탑승하도록 한 회전식 놀이 기구

가칭 임시로 정한 이름

교차 서로 엇갈리거나 마주침

지름 원의 중심을 지나는 직선으로, 둘레 위의 두 점을 이은 선

명소 이름이 널리 알려진 경치나 유적

84 대한민국의 아이돌 그룹을 모셔오세요!

[1] 2023년 11월, 프랑스 파리에 있는 유네스코 본부 메인홀에서 우리나라의 인기 아이돌 그룹 '세븐틴'의 곡 '음악의 신'이 울려 퍼졌어요. 세븐틴은 제13회 유네스코 청년포럼에서 '청년 간의 연대, 교육이 청년과 지구의 미래를 바꾼다'라는 주제로 연설도 했어요. 한국, 미국, 중국 등 다양한 나라 출신의 멤버 13명이 꿈을 위해 모여 하나가 되기 위해 어떤 방식으로 서로 소통했는지를 전해 큰 울림을 줬지요. 굵직한 K팝 가수가 연설과 공연을 모두 하는 건 **이례적**이라 큰 관심이 쏠렸어요.

[2] 최근 **국제기구**가 우리나라 아이돌 그룹에게 **러브콜**을 보내고 있어요. 세븐틴 외에도 2018년 방탄소년단(BTS)의 국제연합(UN·유엔) 연설을 시작으로 블랙핑크, 에스파 등 내로라하는 K팝 아이돌 그룹들이 국제기구의 홍보대사로 나서거나 연설을 진행했지요.

[3] 국제기구가 우리나라 아이돌을 초청하는 데에는 K팝과 아이돌 그룹의 세계적 영향력이 크기 때문이에요. 가수들이 전하는 메시지가 각국 젊은 세대에게 미치는 **파급력**이 있는 것. 앞서 BTS가 유엔에서 7분 동안 연설을 했을 때 이를 실시간으로 시청한 사람은 약 98만 명이었어요. 이에 우리나라 아이돌이 최근 문화외교에서 큰 역할을 하고 있다는 평가가 나와요.

키워드

유네스코(UNESCO)

1946년 설립된 유엔의 전문 기구로, 교육·과학·문화를 통해 국가 간의 협력을 촉진함으로써 세계 평화와 인류 발전을 증진하기 위해 만들어졌어요. 유네스코라는 이름은 약자이고 공식적인 이름은 '유엔교육과학문화기구'예요. 인류가 보존해야 할 문화유산이나 자연유산을 세계유산으로 지정해 보호하는 역할을 담당하고 있기도 해요.

상식 점검 퀴즈

Q. 다음 아이돌 그룹의 멤버 수를 모두 더한 값을 구하세요.

> 세븐틴   방탄소년단(BTS)   블랙핑크   에스파

※정답: 28(13+7+4+4)

한 뼘 더 생각 넓히기

우리나라 K팝 그룹은 세계 곳곳에서 문화 사절단 역할을 하고 있는데요. 내가 좋아하는 아이돌 그룹은 어떤 활동을 펼치고 있는지 써보아요.

단어 설명

이례적 일반적인 사례에서 벗어나 특이한(것)

국제기구 국제적 목적이나 활동을 위해 두 나라 이상의 회원국으로 구성된 조직

러브콜 무언가를 제안하는 행위를 비유적으로 이르는 말

파급력 어떤 일의 영향이 다른 데로 미치는 힘

마법 같은 신비함 간직한 '철의 나라'

[1] 고대 한반도의 남부를 중심으로 **번성**했던 가야의 **고분군**이 2023년 9월 유네스코 세계유산에 **등재**됐어요. 등재된 '가야고분군'은 총 7곳으로 △경북 고령군 지산동고분군 △경남 김해시 대성동고분군 △경남 함안군 말이산고분군 △경남 창녕군 교동과 송현동고분군 △경남 고성군 송학동고분군 △경남 합천군 옥전고분군 △전북 남원시 유곡리와 두락리고분군입니다.

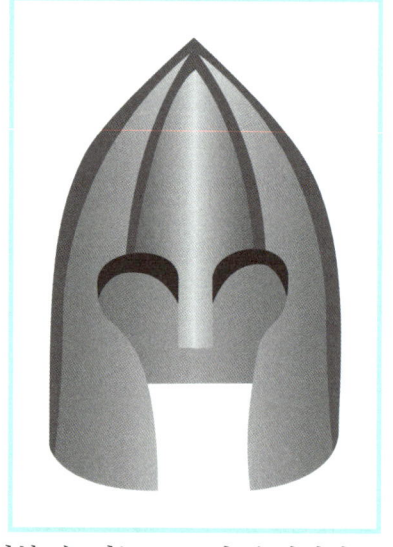

[2] 가야고분군은 가야의 문화와 정체성을 엿볼 수 있는 중요한 유적이라는 평가를 받았어요. 가야가 남긴 고분군은 우리나라에 780여 곳이 있어요. 고대 가야에는 왕이나 귀족 같은 지배층이 숨졌을 때 장신구와 무기류를 함께 묻는 문화가 있었어요. 따라서 고분에서 나온 유물의 수준에 따라서 주인의 신분을 가늠할 수 있지요.

[3] 가야는 '철의 나라'라고 불릴 정도로 뛰어는 **철기** 문화를 가진 것으로 알려져요. 가야는 풍부한 철광산을 바탕으로 철제 농기구와 무기를 제작했으며 이것을 일본에까지 수출한 것으로 보여요. 가야의 고분에서는 실제로 철제 무기류가 다수 나오기도 해요. 옥전고분군에서는 철제 갑옷과 철제 말 **투구** 등이, 대성동고분군에서도 철기류가 다수 나왔어요.

키워드

가야

가야는 낙동강 일대에 1세기부터 562년까지 존재했던 작은 나라들의 연합이에요. 알에서 나온 김수로왕이 가야 연맹의 맹주인 금관가야의 시조. 같은 시대 한반도를 지배한 고구려, 백제, 신라에 비해 기록이 거의 남아있지 않아 '낯설고 신비한 나라'라는 이미지가 강해요. 오늘날 경남 김해시를 중심으로 금관가야가 번성했으며 △경북 고령군을 중심으로는 대가야 △경남 함안군을 중심으로는 아라가야 △경남 고성군을 중심으로는 소가야 등이 존재했지만 562년 신라에 의해 병합(나라가 하나로 합쳐짐)되었어요.

상식 점검 퀴즈

Q. 다음 중 과거 가야의 땅이라고 볼 수 없는 곳을 고르세요.

① 경남 김해시   ② 경북 고령군   ③ 전북 남원시   ④ 경기 의정부시

※정답: ④

한 뼘 더 상식 키우기

가야는 같은 시대의 다른 나라인 고구려, 백제, 신라와는 달리 중앙집권국가를 만들지 않았어요. 중앙집권국가란 왕이 강력한 권력을 바탕으로 통치하는 나라를 말해요. 결국 강력한 왕권을 바탕으로 하는 백제와 신라 같은 강대국 사이에서 버티지 못하고 멸망하고 말았답니다.

단어 설명

번성 세력을 확장해 한창 성함
고분군 여러 고분(오래된 무덤)이 모여 있는 지역
등재 기록을 올림
철기 쇠로 만든 기구
투구 전투할 때 쓰던, 쇠로 만든 모자

비틀스여, 다시 부활해주오!

[1] 인공지능(AI) 기술이 발전하면서 숨진 예술가들이 우리 곁으로 돌아오고 있어요. 예술가들이 살아 있을 때 남긴 작품을 바탕으로 학습을 거듭한 AI가 마치 그 예술가의 것처럼 보이는 음악과 그림 등을 만들어내는 것이지요.

[2] 2023년 11월 무려 27년 만에 비틀스의 신곡 '나우 앤드 덴(Now and then·지금 그리고 그때)'이 공개돼 화제를 모았어요. 비틀스는 1960년대 영국에서 혜성처럼 등장한 남성 4인조 밴드. 이미 세상을 떠난 멤버도 있는데 어떻게 신곡을 냈다는 것인지 많은 사람들이 의아해했지만 곧 의문이 풀렸어요. AI 기술로 곡을 만들어낸 것. 리드보컬인 존 레넌(1940~1980)이 1977년 남겼던 목소리에 연주음을 덧입혀 마치 직접 부른 것 같은 노래를 만들어낸 거예요.

[3] 일본에서는 AI 기술로 데즈카 오사무(1928~1989)라는 전설적 만화가의 그림체를 본떠 요즘 시대에 맞는 새로운 작품을 선보이는 프로젝트가 출발을 알렸어요. 2023년 말 데즈카의 작품 가운데 천재 외과의사를 주인공으로 하는 '블랙잭'이라는 만화가 다시 연재되기 시작한 것. 줄거리와 그림 모두 AI의 작품이에요. 하지만 일부 독자들은 숨진 만화가를 존중하는 행동이 아니라며 이런 시도가 반갑지 않다는 반응을 보이기도 했지요.

비틀스

1960년에 결성돼 1970년 해체될 때까지 수많은 히트곡을 낸 영국의 4인조 록 밴드예요. 멤버 중 존 레넌과 조지 해리슨은 세상을 떠났고, 폴 매카트니와 링고 스타는 생존해 있어요. 데뷔 당시 드럼과 여러 대의 기타가 만들어내는 강렬한 박자의 록 음악, 누구나 공감할만한 솔직한 가사, 밝고 활기찬 에너지의 목소리가 어우러진 음악을 많은 이들이 좋아했어요. 록 음악뿐 아니라 다양한 장르를 시도했고, 평화와 사랑을 비롯해 전쟁을 반대하는 메시지를 담은 곡도 내놓으며 세계적 인기를 누렸지요.

상식 점검 퀴즈

Q. 다음 중 비틀스에 대한 설명으로 적절하지 <u>않은</u> 것을 고르세요.

① 영국에서 등장한 밴드다.

② 멤버는 총 4명이다.

③ 현재 모든 멤버가 생존해 있다.

※정답: ③

한 뼘 더 생각 넓히기

숨진 예술가들을 AI 기술을 활용해 부활시키는 것에 대해 어떻게 생각하나요? 예술가를 존중하는 행위가 아니라는 의견이 있는 반면, 전설적인 예술가들의 작품을 현대에도 즐길 수 있다는 주장도 있습니다. 나의 생각을 써보아요.

단어 설명

혜성 갑자기 뛰어나게 드러나는 존재를 이르는 말

리드보컬 밴드에서 대부분의 노래를 부르는 사람

빛, 안개, 수련… 그리고 매연?

[1] 프랑스 출신의 인상주의 화가인 클로드 모네(1840~1926)는 독특한 **화풍**을 가진 것으로 유명해요. 그림 속 대상 간의 경계가 분명하지 않고 흐릿하게 표현한 기법을 쉽게 찾아볼 수 있지요. 그래서 모네의 그림은 대부분 아련하고도 몽롱한 느낌을 내요.

[2] 모네가 당시 유럽의 도시를 배경으로 그린 그림을 보면 하늘이 뿌옇게 묘사된 것을 발견할 수 있어요. 대표적으로 그가 영국의 수도 런던에 있는 국회의사당을 그린 그림을 보면 하늘이 마치 안개가 낀 것처럼 표현됐지요. 그래서 모네가 안개를 좋아했다고 보는 시각이 지배적이었지요. 하지만 모네가 그린 것은 안개가 아니라 사실은 공장에서 나온 물질로 오염된 하늘이라는 연구 결과가 2023년 발표됐어요. 당시 영국에서는 **산업혁명**이 한창이었는데 공장이 바쁘게 돌아가면서 대기오염이 심각했고 모네는 이것을 포착한 것이라는 주장이지요.

[3] 오늘날까지도 모네의 작품 가운데 연못에 핀 **수련**을 그린 것이 다수 남아있어요. 그는 숨지기 직전까지 저택에서 수련을 키우며 여러 장의 수련 그림을 **연작**으로 남겼어요. 그는 생이 끝날 무렵 앞이 흐리게 보이는 병인 백내장을 앓았는데 그로 인해 수련을 남들과는 다른 시각으로 관찰하게 됐다는 분석도 있어요. 실제로 그의 수련 그림은 갈수록 흐릿해지는 특징이 있어요.

키워드
인상주의

19세기 후반에서 20세기 초반에 프랑스를 중심으로 유럽에서 유행한 예술 경향이에요. 사물을 있는 그대로 그리지 않고, 작가가 받은 순간적인 인상을 표현하지요. 예를 들어 사물이 가진 고유의 색깔을 그리지 않고 태양빛에 의해 시시각각 변하는 색을 포착해서 그리는 방식입니다. 모네가 대표적인 인상주의 화가인데, 이런 화가들을 '인상파'라고도 해요.

상식 점검 퀴즈

Q. 모네가 그린 런던 국회의사당 그림에 대한 서로 다른 두 가지 주장을 써보세요.

※정답: 국회의사당 아래쪽 다리가 그려진 것이다 / 운무에서 나오는 다리가 흐릿하게 그려진 것이다

한 뼘 더 상식 키우기

오늘날 모네의 작품은 수백억 원에 팔리기도 하지만 모네는 처음부터 미술계가 사랑하는 작가는 아니었어요. 인상주의가 유행하기 이전에는 사진을 찍은 듯 대상을 사실적으로 표현하는 기법이 유행했는데, 반대로 모네의 그림은 무엇을 그린 것인지 알 수 없다는 평가가 많았던 것. 하지만 모네는 주변의 평가에도 좌절하지 않고 자신만의 고유한 기법을 점차 발전시켜 사랑을 받게 됐지요.

단어 설명

- **화풍** 그림을 그리는 방식
- **산업혁명** 증기기관(증기의 압력으로 에너지를 얻는 기관)의 발명으로 18세기 후반부터 약 100년간 유럽에서 일어난 사회경제적 변화
- **수련** 물속에서 자라는 식물로 넓고 둥근 잎을 가진 것이 특징이다
- **연작** 같은 주제, 인물로 작품을 잇달아 짓는 일

88 사이좋게 번갈아가면서 손에~ 손잡고요!

[1] 국제축구연맹(FIFA)이 **개최**하는 세계적인 축구 대회인 월드컵이 달라지고 있어요. 지난 1930년 시작된 FIFA 월드컵은 2000년대 전까지는 유럽, 아메리카 대륙에서 번갈아 가면서 열려왔어요. 하지만 지난 2002년 제17회 대회는 사상 최초로 아시아 **대륙**에서 열렸지요. 한국과 일본이 공동으로 개최한 것.

[2] 이처럼 FIFA는 2000년대에 들어 전 대륙을 돌면서 월드컵을 여는 것을 원칙으로 하고 있어요. 2010년에는 남아프리카공화국에서 열렸는데, 이는 아프리카에서 열린 첫 대회였지요. 2022년에는 아시아의 카타르에서 열렸어요. 중동 지역에서 처음으로 열린 월드컵이었지요.

[3] 월드컵은 변화를 거듭하고 있어요. 2026년 월드컵은 미국과 캐나다, 멕시코가 공동으로 개최해요. 3개국이 월드컵을 개최하는 것은 처음이에요. 뿐만 아니라 2026년 월드컵의 문이 활짝 열리는 모습이에요. 본선 진출국이 기존 36개국에서 48개국으로 크게 늘어나는 것. 2030년 월드컵은 사상 처음으로 유럽과 아프리카, 남미 등 3개 대륙에서 진행돼요. 유럽 국가인 스페인과 포르투갈, 그리고 북아프리카의 나라 모로코가 공동 개최하고, 월드컵 개최 100주년을 기념해 남미 나라인 우루과이와 파라과이, 아르헨티나에서도 **개막전**을 비롯한 일부 경기가 열려요.

 **키워드**

월드컵

FIFA가 4년마다 여는 축구 대회인 월드컵의 우승 트로피 이름도 '월드컵'이에요. 오늘날의 월드컵 트로피는 1974년 서독(1990년 독일이 통일되기 이전에 서쪽에 있던 독일) 월드컵 때 처음 등장했어요. 이전에는 우승 트로피가 지금과 같은 모양이 아닌 '쥘 리메 컵'이라고 불렸던 트로피였는데, 당시 월드컵을 3차례 우승하는 나라가 해당 트로피를 가진다는 원칙에 따라 1970년 우승한 브라질이 쥘 리메 컵을 간직하게 되었어요. 하지만 1983년 쥘 리메 컵은 도둑맞아 아직도 되찾지 못하고 있어요.

 **상식 점검 퀴즈**

Q. 제시된 년도의 월드컵 개최지를 올바르게 짝지어 보세요.

① 2002년　　　㉠ 미국, 캐나다, 멕시코

② 2022년　　　㉡ 한국, 일본

③ 2026년　　　㉢ 카타르

※정답: ①-㉡, ②-㉢, ③-㉠

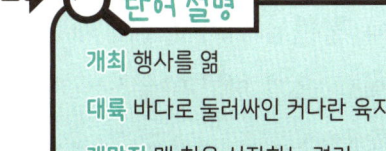 **한 뼘 더 상식 키우기**

쥘 리메 컵이 도난당한 사건이 발생해 새로운 월드컵은 FIFA가 보관하고 있어요. 시상식에서 트로피를 우승팀에게 잠시 빌려주었다가 행사가 끝나면 다시 가져가 보관하는 방식이지요. 대신 우승국에는 트로피를 본떠 만든 트로피를 준답니다.

단어 설명

개최 행사를 엶

대륙 바다로 둘러싸인 커다란 육지

개막전 맨 처음 시작하는 경기

세계에서 가장 유명한 생쥐랍니다 찍찍

89

[1] 까맣고 커다란 두 귀가 매력적인 생쥐 캐릭터 '미키 마우스'는 세계적 엔터테인먼트 기업인 월트디즈니를 대표하는 캐릭터이지요. 1923년 세워진 월트디즈니가 초기에 선보였던 미키 마우스에 대한 저작권이 2024년 1월 1일 자로 **만료**되었

어요. 누구나 **초창기** 미키 마우스의 모습을 활용한 애니메이션, 영화, 그림 등 다양한 콘텐츠를 생산할 수 있게 됐다는 거예요.

[2] 월트디즈니는 1928년 생쥐가 주인공으로 등장하는 짧은 애니메이션 '증기선 윌리'를 제작해 세상에 공개했어요. 이 생쥐가 바로 미키 마우스. 증기선 윌리는 세계 최초의 '소리가 함께 나오는 애니메이션'이에요. 8분에 불과한 애니메이션이고 흑백으로 만들어졌지만 당시 사람들은 미키 마우스가 내는 휘파람 소리를 비롯해 동물의 울음소리 등 다양한 효과음이 등장하는 이 작품에 **열광**했어요. 그리고 이것이 바로 월트디즈니 전설의 시작이었지요.

[3] 미키 마우스에 대한 저작권이 만료됐다고 하더라도 모든 종류의 미키 마우스 캐릭터를 마음대로 사용할 수 있는 것은 아니에요. 증기선 윌리에 등장하는 미키 마우스만 활용이 가능하고, 그 이후에 **개편**된 미키 마우스 캐릭터에 대한 저작권은 여전히 월트디즈니가 갖고 있어요. 초기 미키 마우스는 지금과는 달리 눈동자가 없고 약간 더 단순하게 생겼어요.

 **키워드**

저작권

인간의 생각이나 감정을 표현한 창작물(저작물)에 대해 작가가 갖는 독점적인(혼자 차지하는) 권리를 말해요. 창작물을 만든 작가의 노력을 인정하는 동시에 작가의 권리를 보호하기 위해 만들어진 것이죠. 소설·시 등의 문학 작품, 그림 등 미술 작품뿐 아니라 논문, 연설, 건축물, 설계도, 사진, 영상 등 다양한 창작물도 저작물에 해당될 수 있어요.

상식 점검 퀴즈

Q. 미키 마우스를 세상에 내놓은 미국의 엔터테인먼트 기업은 무엇인지 써보세요.

※정답: 월트디즈니컴퍼니

한 뼘 더 생각 넓히기

초기 미키 마우스의 저작권이 만료되자 사람들은 이를 기념하듯 캐릭터를 활용해 다양한 콘텐츠를 만들어냈는데요. 하지만 어린이들이 좋아하는 미키 마우스를 주인공으로 하는 공포물도 나와 '동심을 파괴한다'는 지적이 나오기도 했습니다. 저작권이 만료된 캐릭터를 이런 방식으로 사용하는 것에 대한 자신의 의견을 써보아요.

단어 설명

만료 기한이 다 차서 끝남
초창기 처음으로 시작하는 시기
열광 기쁘거나 흥분해 날뜀
개편 고쳐서 다시 엮음

소신에게는 아직 키보드와 마우스가 있습니다

[1] 우리나라의 **프로게이머**인 페이커(이상혁)는 영국 언론 더타임스가 선정하는 2023년 스포츠계 인물 10인 가운데 한 명으로 이름을 올렸어요. 그는 '리그오브레전드(LoL·롤)'라고 불리는 게임을 하는 프로게이머예요.  더타임스는 페이커에 대해 "e스포츠 역사상 가장 뛰어난 선수"라고 평가했어요.

[2] 2023년에 열린 중국 항저우 아시안게임에선 **e스포츠**가 처음으로 정식 종목이 됐는데 페이커가 금메달을 차지했어요. 이후 열린 'LoL 월드 챔피언십'에서도 페이커가 속한 프로팀 T1이 우승을 차지했지요. LoL 월드 챔피언십은 LoL을 개발한 게임사인 라이엇 게임즈가 2011년부터 매년 개최하는 대회로 e스포츠계의 월드컵이라고 불려요.

[3] 페이커가 T1의 주장으로서 보여준 성숙한 리더십 덕분에 e스포츠에 대한 인식이 달라졌다는 평가가 나와요. 그동안 e스포츠는 다른 스포츠에 비해 신체를 격렬하게 활용하지 않기 때문에 스포츠로 보는 것이 적절하지 않다는 지적도 많았어요. 페이커는 이 같은 지적에 대한 **소신**을 밝히기도 했어요. 그는 "e스포츠 선수들이 겨루는 과정이 누군가에게 **영감**을 줄 수 있다면 그것을 스포츠로 볼 수 있을 것"이라고 말했지요.

 **키워드**

리그오브레전드(LoL·롤)

2009년 라이엇 게임즈가 개발한 게임으로 여러 명의 팀원이 상대팀의 진영(서로 대립하는 세력의 어느 한쪽)을 파괴하기 위해 전략적으로 싸우는 게임. 판단력과 순발력, 정신력을 필요로 하는 게임으로, 2011년부터 매년 연말에 국가를 옮겨가며 LoL 월드 챔피언십이 열려요. 각국 LoL 리그의 실력자들이 모여 세계 최강의 팀을 가려내는 대회라 한국에선 이를 축구 월드컵에 빗대어 '롤드컵'이라고 부르기도 해요. 2023년 롤드컵은 2018년 이후 5년 만에 우리나라에서 열렸어요.

 **상식 점검 퀴즈**

Q. 다음의 물음에 답을 써보세요.

① '페이커'의 본명은 무엇일까?

② e스포츠를 처음 정식 종목으로 인정한 아시안게임은 어디에서 열렸을까?

③ LoL 월드 챔피언십은 몇 년에 한 번씩 열릴까?

※정답: ① 이상혁 ② 중국 항저우 ③ 1년

한 뼘 더 상식 키우기

2023년 우리나라에서 열린 LoL 월드 챔피언십 경기를 보기 위해 수많은 외국 관광객들이 찾았어요. 페이커가 세계 최고 수준의 프로게이머이다 보니 그의 경기를 보기 위한 것. 페이커 같은 프로게이머들로 e스포츠의 인기가 커지며 국내 e스포츠 산업 규모는 2015년 772억 원에서 2021년 1048억 원으로 크게 늘었지요.

단어 설명

프로게이머 PC게임, 비디오게임 등의 경기를 하는 것을 직업으로 삼는 사람

e스포츠 프로게이머들이 게임으로 겨루는 스포츠 종목

소신 굳게 생각하는 바

영감 창조적인 일의 시작이 되는 자극

91 스타 선수와의 동행, Just Do It(해보는 거야)

[1] 세계적 스포츠 브랜드인 나이키가 미국의 유명 골프 선수인 타이거 우즈와의 **전속** 계약을 2024년 1월 끝냈어요. 나이키는 1996년 당시 신인이었던 우즈의 **잠재력**을 보고 그와 **후원** 계약을 맺은 뒤 최근까지 유지해왔으나 27년 만에 계약을 종료하기로 한 것이지요.

[2] 빨간색 나이키 티셔츠를 입고 공을 치는 우즈의 모습은 세계 스포츠사에 길이 남을 장면이에요. 우즈가 나이키의 골프화와 골프채 등을 경기 중에 사용하는 모습이 공개되며 나이키는 다양한 종목의 스포츠 용품을 제조하는 **만능** 업체라는 이미지를 갖게 됐어요. 우즈가 활약하면 할수록 나이키의 골프공, 골프장비, 골프옷 등은 불티나게 팔렸지요. 하지만 2013년부터 나이키의 골프 용품 사업이 내리막길을 걷기 시작했고 나이키는 다른 사업에 집중하기 위해 우즈와의 계약을 종료한 것으로 보여요.

[3] 이밖에도 나이키는 최고의 스포츠 스타와 계약 관계를 유지하며 이른바 슈퍼스타 마케팅을 펼치는 것으로 유명해요. 대표적으로 미국프로농구(NBA)의 전설적 선수 마이클 조던과 계약을 맺은 사례가 꼽혀요. 나이키는 1984년 당시 신인이었던 조던과 계약을 맺고 그의 이름을 딴 '에어 조던' 농구화 시리즈를 출시했는데 현재까지도 큰 사랑을 받고 있어요.

 **키워드**

에어 조던

나이키가 1997년 내놓은 신발·의류 브랜드 이름이에요. 나이키는 1985년, 마이클 조던의 이름을 딴 '에어 조던'이라는 이름의 농구화를 내놓았는데요. 이 농구화가 큰 인기를 끌자 나이키의 하위 브랜드를 만들고 각종 신발과 의류를 내놓고 있지요. 이 브랜드를 상징하는 로고인 '점프맨'도 공을 잡고 점프하는 마이클 조던의 모습에서 따왔어요.

 **상식 점검 퀴즈**

Q. 다음의 역사적 사실을 가장 오래된 것부터 순서대로 나열하세요.

① 나이키가 타이거 우즈와의 전속 계약을 종료함

② 나이키의 골프 용품 사업이 내리막길을 걷기 시작함

③ 나이키가 마이클 조던의 이름을 딴 농구화를 내놓음

※정답: ③-②-①

한 뼘 더 상식 키우기

타는 불에서 튀는 작은 불똥을 '불티'라고 해요. 여기서 비롯된 표현이 바로 '불티나다'. 여기저기 튀는가 싶더니 순식간에 사라지는 작은 불똥처럼 〈물건을 내놓기가 무섭게 빨리 팔리거나 없어지다〉라는 뜻이에요. '에어 조던 신발이 불티나게 팔렸다'처럼 쓰인답니다.

단어 설명

전속 단 하나의 기구, 조직과 관계를 맺음

잠재력 속에 숨어 있는 힘

후원 뒤에서 도와줌

만능 모든 일을 다 할 수 있음

실력은 세계 1위, 마음가짐은 우주 1위

[1] '한국 배드민턴의 현재이자 미래'라는 평가를 받는 안세영은 2022 항저우 아시안게임 배드민턴 여자 **단식** 결승전에서 우승하며 금메달을 거머쥐었어요. 1994년 이후 이 종목에서 금메달을 딴 것은 처음이라 주목을 받았어요.

안세영은 오른쪽 무릎이 좋지 않아 몇 번이나 무릎을 부여잡고 쓰러졌지만 끝까지 포기하지 않고 경기에 임한 결과 금메달을 따냈지요.

[2] 안세영은 항저우 아시안게임에서 금메달을 딴 이후에 쏟아지는 광고와 방송 출연을 정중히 **사양**한다고 밝혀 화제를 모으기도 했어요. 그는 자신의 소셜 미디어를 통해 "정말 많은 방송 출연, 인터뷰, 광고 제안이 들어왔다"면서도 "여러분이 아는 안세영은 어제도 오늘도 내일도 그저 평범한 운동선수일 뿐"이라고 말했어요. 방송 출연이나 광고 등으로 얻을 수 있는 경제적 이익을 포기하고 운동선수로서 더 좋은 기록을 내는 데에 집중하겠다는 것. 대중은 그에게 따뜻한 응원의 메시지를 보냈지요.

[3] 안세영 외에도 항저우 아시안게임에서 국민을 기쁘게 한 운동선수들 가운데 일부가 방송 등에 출연하지 않고 훈련에 집중하겠다고 밝혀 화제를 모았어요. 수영 남자 접영에서 깜짝 금메달을 획득한 백인철 선수 또한 "아시안게임 이후 **해이해질** 수 있다는 생각에 다른 활동은 **자제하고** 있다"고 말했지요.

키워드
접영

두 손을 동시에 앞으로 뻗쳐 물을 아래로 끌어 내리고 양다리를 모아 아래위로 움직이면서 발등으로 물을 치며 나아가는 수영법을 말해요. 나비가 날갯짓을 하는 것과 비슷해 '버터플라이(butterfly) 수영법'이라고도 하지요.

수영에는 이외에도 위를 향해 누워 헤엄치는 '배영', 개구리처럼 물과 수평을 이뤄 두 팔과 양팔을 오므렸다가 펴는 '평영' 등의 방법이 있어요.

상식 점검 퀴즈

Q. 다음의 수영법은 무엇인지 위에서 찾아 써보세요.

※ 정답: 배영

한 뼘 더 생각 넓히기

최근 들어 안세영 선수처럼 대중의 지나친 관심을 경계하는 선수들이 많아요. 운동 외의 다른 부분에서 사람들의 관심을 받게 되면 훈련에 영향을 줄 수 있고 선수로서 기량을 발휘하는 데 방해가 된다는 생각에서지요. 하지만 많은 사람이 좋아하는 운동선수인 만큼 대중 앞에 적극적으로 나서야 한다는 의견도 있어요. 나는 어떤 생각에 동의하는지 써보아요.

단어 설명

단식 일대일로 하는 경기

사양 받지 않거나 응하지 않음

해이하다 긴장이나 규율 등이 풀려 마음이 느슨하다

자제하다 자신의 감정이나 욕망을 스스로 억제하다

언제나 나처럼 '스마~일' 하세요!

[1] 우리나라를 대표하는 **높이뛰기** 선수인 우상혁은 2024년 프랑스 파리에서 열리는 올림픽의 **기대주** 가운데 한 명이에요. 우상혁은 남자 높이뛰기에서 2023 시즌 세계랭킹 1위를 기록한 선수이지요.

[2] 2023년 항저우 아시안게임 남자 높이뛰기 **결선**에 **출전**한 우상혁은 2m33이라는 훌륭한 기록을 세웠지만 안타깝게도 카타르 출신 선수인 에사 바르심에 밀려 은메달을 받았어요. 금메달을 바르심에게 내주어 아쉬울 법도 하지만 우상혁은 "바르심과의 경쟁이 정말 재밌었다"며 "그가 있기에 내가 능력과 의욕을 더 발휘할 수 있었다"고 소감을 밝혔어요. 그리고 우상혁이 환하게 웃으며 바르심을 격려하는 모습이 화제가 되기도 했어요. 이것이 진정한 스포츠맨십이라는 평가도 나왔어요.

[3] 예상 외로 좋지 않은 성적이 나와도 매사 긍정적이고 밝은 모습으로 대처하는 우상혁은 '스마일 점퍼'라는 별명을 갖고 있어요. 그의 키는 188㎝이지만, 다른 세계적 선수에 비해서는 작은 편에 속해요. 뿐만 아니라 그의 오른쪽 발은 왼발보다 1㎝가량 작아요. 다른 육상 선수에 비해서는 균형 감각이 떨어질 수 있지요. 그는 이 같은 신체적 한계를 남다른 노력으로 극복해 현재의 자리에 오르게 됐다는 평가를 받아요.

키워드
아시안게임

제2차 세계대전(1939~1945년 일어난 세계적 규모의 전쟁)이 끝난 후 아시아 여러 나라의 우호(서로 사이가 좋음)와 세계 평화를 위해 1951년부터 시작된 아시아 국가들의 스포츠대회예요. 4년에 한 번씩 대회가 열리는데, 지난 2022년 중국 항저우에서 열릴 예정이었던 제19회 아시안게임은 코로나19로 한 해 미뤄져 2023년에 열렸지요. 우리나라는 이 대회에서 목표했던 종합 순위 3위를 달성했어요.

상식 점검 퀴즈

Q. 윗글을 참조해 항저우 아시안게임 이전에 열렸던 제18회 아시안게임은 몇 년도에 열렸는지 써보세요.

※정답: 2018년(인도네시아의 자카르타, 팔렘방에서 열렸음)

한 뼘 더 생각 넓히기

우리나라의 높이뛰기 선수 우상혁이 라이벌을 대하는 태도를 통해 무엇을 배울 수 있을지 써보세요.

단어 설명

높이뛰기 공중에 걸어놓은 막대를 뛰어넘어 그 막대의 높이로 승부를 겨루는 육상 경기
기대주 앞으로의 발전이 기대되는 인물을 이르는 말
결선 우승자를 가리기 위해 마지막으로 치르는 경기
출전 시합, 경기에 나가 참가함

올림픽 메달 땄는데 환하게 웃지 못했던 이유

[1] 대한체육회는 '2023 대한민국 스포츠 영웅'으로 고(故·세상을 떠난) 남승룡 마라톤 선수(1912~2001)를 선정했어요. 남승룡은 **일제강점기**였던 1936년 독일 베를린에서 열린 올림픽 마라톤 대회에서 동메달을 딴 선수예요.

[2] 1936년 베를린 올림픽 마라톤에서는 우리나라의 손기정 선수(1912~2002)가 당시 올림픽 **신기록**을 세우며 금메달을 거머쥐었어요. 하지만 손기정의 활약에 가려져 남승룡이 같은 대회에서 동메달을 받았다는 것은 널리 알려지지 않았지요. 당시는 일본이 한반도를 지배했던 어두운 시기였기 때문에 두 선수는 한국 출신임에도 **일장기**를 가슴에 달고 경기에 나서야했어요. 메달을 받게 되어 시상대에 올라서도 두 선수는 어두운 표정으로 고개를 푹 숙인 모습이었지요.

[3] 남승룡은 우리나라가 일제로부터 해방된 이후 코치와 감독으로 활약하며 육상 발전에 크게 기여했다는 평가를 받아요. 그는 1948년 런던 올림픽에서 마라톤 코치를 지냈으며 1964년 도쿄 올림픽에서는 마라톤 국가대표의 감독을 맡기도 했어요. 대한체육회는 "남승룡은 손기정과 함께 일제강점기를 지내는 국민에게 희망을 심어줬다"며 그를 2023년 스포츠 영웅으로 선정한 이유를 밝혔어요.

키워드

일장기 말소 사건

금메달을 땄지만 시상대에서 고개를 푹 숙인 손기정 선수를 안타깝게 본 일제강점기 당시 동아일보의 조선인 기자들은 손기정 선수를 찍은 사진에서 가슴에 달린 일장기를 흐릿하게 처리한 채 신문에 실었어요. 이것이 바로 '일장기 말소(기록되어 있는 사실을 지워서 없애 버림) 사건'. 신문사가 일장기를 지워버린 것을 못마땅하게 여긴 일본 경찰은 관련 기자들을 모두 불러 조사를 벌였고 기자들이 신문사를 떠나도록 하는 한편 동아일보가 9개월 동안 신문을 발행하지 못하도록 했지요.

상식 점검 퀴즈

Q. 손기정, 남승룡 선수가 시상대에 올라서도 어두운 표정이었던 이유는 무엇일까요?

※정답: 일장기를 가슴에 달고 일장기를 국가로 들으며 신기록을 세웠기 때문

한 뼘 더 생각 넓히기

1936년 베를린 올림픽에서 메달을 딴 손기정, 남승룡 선수는 어떤 기분이었을까요? 이 선수들의 마음을 헤아려보고, 선수들에게 보내는 편지를 써보아요.

단어 설명

일제강점기 우리나라가 1910년 일본에 나라를 빼앗긴 이후 1945년 해방되기까지의 시대
신기록 원래 기록보다 더 뛰어난 새로운 기록
일장기 일본의 국기

작은 고추가 매워진 비법이 궁금해?

[1] 아르헨티나 출신의 세계적인 축구 선수인 리오넬 메시가 2023년에도 발롱도르를 **수상**했어요. 이것으로 메시는 총 8번째 발롱도르 트로피를 들어 올리게 되면서 이 상을 가장 많이 받은 선수라는 기록도 세우게 됐지요.

[2] 메시는 지난 2022년 카타르에서 열린 국제축구연맹(FIFA) 월드컵에서 아르헨티나가 우승하게 하는 데 결정적 역할을 했어요. 그는 카타르 월드컵에서 총 7골을 넣었어요. 뿐만 아니라 그는 유럽 프로 축구리그에서 가장 우수한 팀들끼리 경쟁하는 유럽축구연맹(UEFA) **챔피언스 리그**에서 자신이 속한 팀을 4차례나 우승으로 이끌었어요. 2008년 베이징 올림픽에서도 활약해 아르헨티나를 우승국으로 만들었지요.

[3] 메시는 현재 미국에서 뛰고 있어요. 원래 FC 바르셀로나, 파리생제르맹 등 유럽 리그에서 뛰었던 메시이지만 어느덧 30대 후반의 나이로 실력이 예전 같지 않은 상황. 이에 2023년 7월부터 메시는 미국의 프로축구리그인 메이저리그사커(MLS)의 인터 마이애미에서 선수 생활을 이어가고 있어요. 메시에 대한 대중의 관심은 여전히 뜨거워요. 2023년 12월 메시가 카타르 월드컵에서 착용한 유니폼 6벌은 미국의 뉴욕의 한 경매에서 무려 780만 달러(약 104억 원)에 팔리기도 했어요.

 **키워드**

발롱도르

프랑스의 축구 전문지인 '프랑스 풋볼'이 1956년부터 시작한 것으로, 매년 세계에서 가장 뛰어난 활약을 펼친 축구 선수에게 주는 상이에요. 축구 선수가 받을 수 있는 최고의 상. 전 세계 축구 기자들의 투표로 수상자를 선정하지요. 최근 10여 년간 발롱도르는 리오넬 메시와 크리스티아누 호날두(포르투갈)가 번갈아가며 받다시피 했어요. 메시는 8회, 호날두는 5회 수상 기록을 가지고 있습니다.

상식 점검 퀴즈

Q. 다음 중 메시가 속한 팀이 우승한 적 없는 대회를 고르세요.

① 월드컵

② 올림픽

③ 챔피언스리그

④ 아시안게임

※정답: ④

 **한 뼘 더 상식 키우기**

리오넬 메시는 키가 169㎝로, 축구선수 중 작은 편에 속해요. 축구에선 머리로 공을 처리해야 하거나 상대 선수와 몸싸움을 하는 경우도 많아서 키가 큰 게 유리하지만 메시는 '작은 키'라는 단점을 장점으로 바꾼 선수예요. 무게 중심을 낮춰 몸싸움을 할 때 몸의 균형을 잘 지키고, 짧은 보폭으로 뛰며 상대가 예측할 수 없는 드리블을 만든 거예요.

단어 설명

수상 상을 받음

챔피언스리그 매년 유럽 각국의 프로 리그에서 가장 좋은 성적을 거둔 32개의 팀이 모여 유럽 최강의 축구팀을 결정하는 대회

96 태극 전사도 '별들의 전쟁'에 참전합니다

[1] 한국 축구 역사상 가장 뛰어난 선수라는 평가를 받는 손흥민은 청소년 시절인 18세부터 유럽의 리그에서 뛰고 있어요. 그는 독일 팀을 거쳐 2015년부터 잉글랜드 프로축구 프리미어리그(EPL)의 토트넘 홋스퍼에서 뛰고 있어요. 그는 2023년 아시아 출신의 선수 가운데 최초로 EPL에서 100골 이상을 **득점**하는, 경이로운 기록을 세우기도 했어요.

[2] 손흥민의 뒤를 이어 한국 축구의 역사를 새로 쓰는 선수들이 탄생하고 있어요. 우리나라 출신의 수비수인 김민재는 2023년 독일 프로축구 분데스리가의 명문 팀인 FC 바이에른 뮌헨으로 **이적**했어요. 아시아 출신 선수 가운데 가장 높은 **이적료**를 기록하기도 했지요. 바이에른 뮌헨은 분데스리가에서 가장 많은 우승(32회)을 차지한 최고 명문 팀이에요. 김민재의 성공적인 이적은 국내에서 프로 생활을 시작한 선수도 실력이 뛰어나다면 유럽의 뛰어난 팀에서 뛸 수 있다는 것을 보여줬어요.

[3] 이강인은 프랑스 프로축구 리그앙의 파리생제르맹(PSG)에서 2023년부터 활약 중이에요. PSG는 리오넬 메시(아르헨티나), 네이마르(브라질) 같은 세계적 선수가 뛰었던 명문 팀이라 주목을 받았어요. 이강인은 스페인 프로 축구 리그인 프리메라리가에서의 경험을 바탕으로 PSG에까지 이르게 됐어요.

 **키워드**

유럽 축구 5대 리그

세계 최고의 인기 스포츠는 단연 축구예요. 축구에서 세계 최고의 무대는 바로 유럽. 유럽 주요 국가의 축구 리그에선 세계 곳곳에서 온 실력 있는 선수들이 활약하고 있는데, 그 중에서 특히 5개의 리그가 모든 선수들이 뛰길 희망하는 '꿈의 무대'지요. △잉글랜드 프리미어리그(EPL) △스페인의 프리메라리가 △독일의 분데스리가 △이탈리아의 세리에A △프랑스의 리그앙이 바로 유럽 축구 5대 리그랍니다.

 **상식 점검 퀴즈**

Q. 다음의 리그 이름과 연관 있는 나라의 이름을 선으로 알맞게 연결해 보세요.

① 프리미어리그　　㉠ 독일
② 프리메라리가　　㉡ 이탈리아
③ 분데스리가　　　㉢ 잉글랜드
④ 세리에A　　　　㉣ 프랑스
⑤ 리그앙　　　　　㉤ 스페인

※정답: ①-㉢, ②-㉤, ③-㉠, ④-㉡, ⑤-㉣

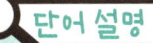 **한 뼘 더 상식 키우기**

유럽 5대 리그를 비롯해 유럽 각국의 프로리그에서 가장 좋은 성적을 거둔 32개 팀은 해마다 모여 유럽 최강의 축구팀을 정하는 대회를 치러요. 바로 유럽축구연맹(UEFA)이 주관하는 '챔피언스리그'지요. 이 대회는 '별들의 전쟁'이라고 불린답니다.

> **단어 설명**
> **득점** 점수를 얻음
> **이적** 다른 팀으로 소속을 옮김
> **이적료** 선수를 데려가는 구단이 선수가 원래 속했던 구단에 지불하는 돈

한국식 이름에 자부심 느낍니다!

[1] **한국계** 미국인 감독이 만들고 한국계 미국인 배우들이 다수 출연하는 넷플릭스 미국 드라마 '성난 사람들'이 에미상 미니시리즈 TV 영화 부문에서 작품상을 비롯해 감독상, 작가상 등 8관왕을 차지했어요.

[2] 성난 사람들은 주차장에서 경적을 울리며 시작된 사소한 말다툼이 숨 막히는 복수극으로 번진다는 내용의 드라마예요. '분노'를 주제로 미국 내 동양계 **이민자**들의 삶, 특히 가족에 대한 복잡한 감정을 자세히 묘사했다는 평가를 받아요. 그러면서도 현대인들이 보편적으로 갖는 외로움과 **공허함** 등을 담아내어 세계적으로 공감을 얻는 데 성공했어요.

[3] 이 드라마의 이성진 감독의 에미상 수상 소감이 화제를 모으기도 했어요. 그는 처음 드라마 제작의 꿈을 안고 미국 로스앤젤레스(LA)에 도착했을 때 **무일푼**이었던 일화를 소개했어요. 이어 당시의 상황에 비춰 현재 에미상 트로피를 받게 된 것이 얼마나 값진 일인지에 대해 이야기했지요. 그는 원래 미국식 이름인 '소니 리(Sonny Lee)' 대신에 '이성진'이라는 한국식 이름을 쓰게 된 배경에 대해서도 설명했어요. 봉준호, 박찬욱 같은 한국인 감독들이 세계적으로 명성을 떨치게 된 후 한국식 이름을 사용하는 것에 **자부심**을 갖게 되었다고 말했어요.

키워드
에미상

에미상은 미국 TV예술과학아카데미(ATAS)가 1949년 시작해 매년 열리는 시상식이에요. 에미(Emmy)라는 이름은 TV에 들어가는 중요한 부품 중 하나인 '이미(immy)'에서 유래됐는데요. 시상식의 이름에서 알 수 있듯 TV에서 방영되는 드라마, 다큐멘터리, 예능프로그램의 제작진과 출연진 가운데 뛰어난 업적을 세운 사람에게 주는 상으로, 미국 방송계 최고 권위 시상식이에요.

상식 점검 퀴즈

Q. 다음 중 에미상의 심사 대상으로 적절하지 <u>않은</u> 콘텐츠를 고르세요.

① 북극곰이 처한 현실을 적나라하게 보여준 다큐멘터리

② 한국계 감독이 만든 영화

③ 개그맨들이 대거 출연한 예능프로그램

※정답: ②

한 뼘 더 생각 넓히기

미국에서 무일푼으로 시작해 정상의 자리에 오른 이성진 감독을 인터뷰한다면 어떤 질문을 할 수 있을까요? 아래에 써보아요.

단어 설명

한국계 한국인의 피를 이어받은 계통

이민자 자기 나라를 떠나 다른 나라에 옮겨가서 사는 사람

공허하다 아무것도 없이 텅 비다

무일푼 돈이 한 푼도 없음

자부심 자신에 대해 당당히 여기는 마음

헉, 헉… 그리스가 페르시아를 이겼습니다!

[1] 아프리카 케냐 출신의 마라톤 선수인 켈빈 킵툼이 2024년 2월 안타까운 사고로 세상을 떠나 충격을 줬어요. 그는 케냐에서 자동차를 운전하고 가던 중 발생한 교통사고로 숨졌어요.

[2] 킵툼은 2023년 10월 미국의 시카고에서 열린 마라톤 풀코스(42.195km) 대회에서 세계 **신기록**을

세우며 세계적 주목을 받은 선수예요. 그는 이 대회에서 2시간00분35초라는 새로운 기록을 세웠어요. 킵툼은 케냐의 또 다른 마라톤선수인 엘리우드 킵초게가 2022년 베를린 마라톤 대회에서 세운 2시간01분09초라는 기록을 34초나 앞당긴 것.

[3] 킵툼은 마라톤 대회에서 좀처럼 깨지지 않던 '2시간의 벽'을 깨고 2시간 이내의 기록을 **달성**할 유력한 후보자였지만 갑작스러운 사고로 우리의 곁을 떠나게 됐어요. 원래 염소와 양을 키우며 평범하게 살던 킵툼은 케냐로 **전지훈련**을 온 선수들을 따라 뛰다가 2019년부터 본격적으로 마라톤에 **입문**하게 됐어요. 운동화를 살 돈도 없었던 그는 초기에는 종종 맨발로 훈련하기도 했어요. 그는 생전 어마어마한 양의 훈련을 했던 것으로 알려져요. 매주 최대 300km를 뛰는 등의 노력을 보인 결과 세계 신기록을 세웠지요.

 키워드

마라톤

42.195㎞를 달리는 육상 종목이에요. 한 선수가 2시간 넘게 쉬지 않고 뛰며 자신의 한계에 도전하는, 체력과 정신력을 모두 요구하는 스포츠이지요. 마라톤은 기원전 490년 그리스와 페르시아의 전쟁에서 유래됐어요. 승리를 거둔 그리스의 병사가 수도 아테네까지 수십㎞의 거리를 쉬지 않고 달려와 그리스의 승리를 알리고 숨졌어요. 그를 기리기 위해 1896년 그리스의 아테네 올림픽에서 올림픽 정식 종목으로 채택돼 오늘날까지 이어지고 있답니다.

 상식 점검 퀴즈

Q. 현재의 마라톤 세계 기록을 세운 선수는 누구인지 고르세요.

① 엘리우드 킵초게　　② 켈빈 킵툼

※정답: ②

한 뼘 더 상식 키우기

마라톤 코스의 길이는 왜 하필 42.195㎞일까요? 1908년 영국 런던 올림픽이 열렸던 당시 영국의 국왕이었던 에드워드 7세는 선수들이 윈저성에서 출발해 주경기장의 귀빈석(귀한 손님을 위해 특별히 마련한 자리) 앞으로 들어오게 해달라고 요청했는데, 그 길이가 딱 42.195㎞였어요. 이후 1924년 프랑스 파리 올림픽 때부터 모든 마라톤 대회의 기준으로 확정됐답니다.

단어 설명

신기록 원래 기록보다 더 뛰어난 새로운 기록

달성 뜻한 바를 이뤄 목적에 다다름

전지훈련 운동선수가 환경 조건이 다른 곳으로 옮겨가서 하는 훈련

입문 처음 들어감

혹시 만화 찢고 나온 주인공인가요?

[1] 일본 출신의 야구선수 오타니 쇼헤이는 현재 미국의 프로야구인 메이저리그(MLB)에서 뛰고 있어요. 그는 미국 서부의 로스앤젤레스(LA)를 **연고**로 하는 명문팀인 LA 다저스로 **이적**하게 되었는데 10년에 7억 달러(약 9327억 원)를 받는다는 계약서에 서명해 화제가 됐어요. 총액을 기준으로 역대 MLB 선수 가운데 가장 높은 금액을 받게 된 것이지요.

[2] 오타니는 **투수**와 **타자**를 모두 하는 '투 웨이(two way)' 선수. 야구에선 보통 한 선수가 투수 또는 타자의 역할만 하는데, 오타니는 세계에서 보기 드물게 두 역할을 모두 잘 해내는 선수예요. 이런 그의 실력은 하루아침에 만들어진 것이 아니에요. 오타니는 목표를 분명히 정하고, 그것을 이루기 위한 계획을 철저하게 세워 실천하는 선수로 유명하지요.

[3] 실력뿐 아니라 그에 걸맞은 배려심도 갖췄다는 평가를 받아요. 자신보다는 팀의 이익을 최우선으로 생각하는 모습을 보여 감동을 줬어요. 오타니는 LA 다저스로 이적하며 받게 될 7억 달러를 계약 기간 내에 받지 않고 이후에 받겠다고 먼저 구단 측에 제안했지요. 구단이 오타니 외에 다른 훌륭한 선수를 **영입**해 팀의 전력을 높일 수 있도록 7억 달러 가운데 대부분을 나중에 받기로 한 것이지요. 그의 실력뿐 아니라 됨됨이도 슈퍼스타급라는 평가가 나와요.

메이저리그(MLB)
미국 프로야구 리그를 가리키는 말로, 야구 선수라면 누구나 꿈꾸는 세계 최고의 리그예요. MLB는 아메리칸리그와 내셔널리그로 구성돼요. 내셔널리그는 1876년에 만들어졌고, 이후 미국에서 야구의 인기가 늘며 1901년에 아메리칸리그가 만들어졌지요. 내셔널리그 1위와 아메리칸리그 1위는 MLB의 챔피언 자리를 두고 해마다 격돌하는데, 이게 바로 'MLB의 꽃'이라 불리는 '월드시리즈'예요.

상식 점검 퀴즈

Q. 다음 중 앞서 설명된 오타니 쇼헤이와 관계 없는 단어를 고르세요.

① 투 웨이(two way) 선수

② LA 다저스

③ 챔피언스리그

※정답: ③ (메이저리그는 야구에서 쓰는 말로 축구 팀들과 관계없어요)

한 뼘 더 상식 키우기

야구에도 축구의 월드컵 같은 국가 대항전이 있어요. 바로 '월드베이스볼클래식(WBC)'이지요. 축구 월드컵처럼 4년에 한 번씩 열리고, 각 국가의 프로리그에서 활동하는 최정상급 선수들이 참가하는, 야구계에서 가장 권위 있는 국제 대회예요. 2023 열린 WBC에선 일본이 우승했고, 일본을 우승으로 이끈 오타니 쇼헤이가 최우수선수(MVP)로 선정됐답니다.

단어 설명

연고 맺어지는 관계

이적 다른 팀으로 소속을 옮김

투수 야구에서 공을 던지는 선수

타자 야구에서 공을 치는 선수

영입 받아들임

황금빛 글러브 안에 모든 공이 쏙쏙

[1] 전 세계 야구 선수들에게 미국프로야구 메이저리그(MLB)는 그야말로 꿈의 무대예요. 미국은 물론이고 각국에서 가장 뛰어난 실력의 선수들이 뛰는 리그이기 때문이에요. 최근 MLB에선 우리나라 출신 선수들의 활약이 눈길을 끌어요.

[2] 한국프로야구(KBO)의 키움 히어로즈에서 뛰던 이정후는 2023년 12월, MLB의 샌프란시스코 자이언츠와 6년 1억1300만 달러(약 1507억 원)의 계약을 맺었어요. 이제껏 KBO에서 뛰던 선수가 MLB로 옮기면서 받은 몸값 가운데 가장 큰 규모라 화제를 모았지요. 이정후는 2017년 키움에 입단할 때부터 정교한 **타격** 실력으로 큰 주목을 받아왔어요. 2022년에는 KBO 최우수선수(MVP)로 선정되기도 했어요. 그는 샌프란시스코에서 1번 타자로 활약하게 될 것으로 보여요.

[3] 마찬가지로 KBO의 키움에서 뛰다가 지난 2021년 MLB의 샌디에이고 파드리스로 옮겨 활약 중인 우리나라의 야구 선수 김하성은 한국인 최초로 '골드글러브'를 받았어요. 골드글러브는 MLB 선수 가운데 뛰어난 수비수에게 주는 상. **포지션**별로 **시상**하는데, 김하성은 2023년 **내셔널리그** 유틸리티 부문의 수상자로 선정됐지요.

 **키워드**

골드글러브

야구 글러브 제조회사 '롤링스'가 매년 MLB에서 활약하는 포지션별 최고의 수비수를 선정해주는 상이에요. 김하성이 수상한 '유틸리티' 부문은 만능 수비수에게 주어지는 상. 내야(야구장에서 홈과 1~3루를 연결한 선의 구역 안)의 여러 포지션에서 고르게 좋은 수비력을 인정받은 거지요. 김하성의 수상은 한국인 최초일 뿐 아니라 아시아 내야수(내야를 지키는 수비수)로도 최초였어요.

 **상식 점검 퀴즈**

Q. 다음 선수들의 현재 소속팀을 찾아 알맞게 이어보세요.

① 김하성
② 이정후

㉠ 샌디에이고 파드리스
㉡ 샌프란시스코 자이언츠
㉢ 키움 히어로즈

※정답: ①-㉠, ②-㉡

한 뼘 더 상식 키우기

'골드글러브'가 최고의 수비력을 보인 선수에게 주는 상이라면 MLB에서 최고의 공격력을 보인 선수에게 주는 상도 있어요. 바로 '실버슬러거'. 야구 배트 '루이빌 슬러거'를 만드는 '힐러리치 & 브래즈비' 사가 선수들에게 주는 상이랍니다. 여기서 슬러거(Slugger)는 야구에서 멀리 나가는 '장타'를 날릴 수 있는 힘 센 타자를 가리키는 말이에요.

단어 설명

타격 공을 방망이로 침
포지션 축구, 야구 등에서 선수들 각자의 위치
시상 상장, 상금, 상품을 줌
내셔널리그 아메리칸리그와 함께 MLB를 이루는 양대 리그 중 하나

부록 | 이 책에 실린 시사 키워드

100개의 기사에서 소개했던 시사 키워드를 관련된 또 다른 키워드와 함께 복습해보세요.

CHAPTER 1. 경제 | 사회

1. 인플레이션(inflation)	#슈링크플레이션 #스킴플레이션
2. 제프 베이조스	#아마존 #블루 오리진
3. 베네치아	#수상도시 #이탈리아
4. MBTI	#성격유형검사 #16가지 유형
5. 오픈AI	#샘 올트먼 #챗봇
6. 수출액	#수출 #수입
7. 흑사병	#페스트균 #전염병
8. MZ세대	#밀레니얼 #Z세대
9. 세계경제포럼(WEF·다보스포럼)	#스위스 #다보스
10. 90초 룰	#항공사 #안전 매뉴얼
11. 자영업자	#음식점 #숙박업
12. 디지털 디톡스(Digital Detox)	#스마트폰 #디지털 중독
13. 반려동물	#정서적 교감 #애완동물
14. 미스 유니버스	#미인대회 #시대착오적
15. 저출산	#합계출산율 #고령화
16. 디지털 교과서	#실감형 학습 자료 #문해력
17. 건강권	#기본권 #헌법
18. 챗GPT	#AI 채팅 로봇 #오픈AI
19. 인플루언서(influencer)	#소셜네트워크서비스(SNS) #틱톡
20. 공공비축제도	#전쟁·흉년 대비 #쌀값 안정

CHAPTER 2. 세계 | 국제

21. 전동 킥보드	#개인형 이동수단 #전기 장치
22. 자이언트 판다	#중국 #멸종 위기
23. 슬림(SLIM)	#일본 #달 착륙선

24. 냉전	#자본주의 #공산주의 #신냉전
25. 중립국	#스위스 #북대서양조약기구(NATO·나토)
26. 프랜차이즈	#가맹점 #체인점 #맥도널드
27. 기네스북	#맥주 회사 기네스 #세계 기록
28. 개발도상국	#후진국 #선진국
29. 세계박람회(엑스포·EXPO)	#전문(인정) 엑스포 #세계(등록) 엑스포
30. 정상회담	#국가원수 #만남
31. 리히터(Richter) 규모	#미국 지진학자 #찰스 프란시스 리히터
32. 이슬람교	#3대 종교 #무슬림
33. 입헌군주제	#국왕 #상징적 존재
34. 파리 올림픽	#세 번째 파리 올림픽 #개방된 대회
35. 국내총생산(GDP)	#경제 수준 #국민총생산(GNP)
36. 영연방	#영국 #옛 식민지 #54개국
37. 화석연료	#석탄 #석유 #이산화탄소
38. 중국과 대만 관계	#공산당과 국민당 #대만 독립
39. 기대수명	#한국인 #82.7세
40. 유네스코(UNESCO) 세계유산	#UN #문화재 #자연물

CHAPTER 3. 과학 | 기술

41. 노벨상	#알프레드 노벨 #다이너마이트
42. 영구 음영 지역	#달 #극지방 #얼음
43. 자율주행차	#미래 자동차 #샌프란시스코
44. 이그노벨상	#유머 #오귀스트 로댕
45. 건담	#키덜트 #피규어
46. 빙하와 해빙	#빙상 #빙붕 #빙산
47. 초음속	#마하 #시속 1235km
48. 온실가스	#온실효과 #지구온난화
49. 보스턴 다이내믹스	#스팟 #현대차

50. 제임스 웹 우주망원경(JWST)	#차세대 망원경 #허블 우주망원경
51. 아폴로 계획	#달 착륙 #닐 암스트롱
52. 네이처(Nature)	#과학 학술지 #사이언스
53. 3D 프린터	#입체 #혁신 기술
54. 빅뱅	#우주 탄생 #폭발
55. 퍼시비어런스	#화성 탐사 #인내
56. 온디바이스(On-Device) AI	#장치 #탑재
57. 소행성	#천체 #행성
58. 우주쓰레기	#인공위성 #로켓 #파편
59. 스페이스X	#일론 머스크 #민간 우주 기업
60. 휴머노이드(humanoid)	#인간형 #로봇

CHAPTER 4. 환경 | 생물

61. 지능지수(IQ)	#계산력 #기억력 #어휘력
62. 탐지견	#후각 #마약 #폭발물
63. 외래종	#토착종 #침입종
64. 극지연구소	#남극 #북극 #연구기관
65. 아마존	#열대우림 #지구의 허파
66. 국제자연보전연맹(IUCN)	#자연보호 #국제기구
67. 북극곰	#멸종위기 #지구온난화
68. 지방	#3대 영양소 #탄수화물 #단백질
69. 심해 광물	#바다 #지속가능 #자원
70. 동물복지	#반려동물 #실험동물
71. 남방큰돌고래	#제주 바다 #해양보호생물
72. 사슴	#고라니 #노루 #순록
73. 개의 수명	#평균 12세 #6세=60대 사람
74. 포유류	#새끼 낳는 동물 #허리뼈
75. 석기시대	#돌칼 #선사시대

76. 감칠맛	#일본 #글루탐산 #다시마
77. 멸종위기종복원센터	#야생동물 #복원 사업
78. 찰스 다윈	#진화론 #종의 기원
79. 경매	#입찰 #경쟁
80. 유엔기후변화협약 당사국총회(COP)	#지구온난화 #국제 협약

CHAPTER 5. 문화 | 스포츠

81. 뱅크시	#얼굴 없는 예술가 #그라피티
82. 스위프트노믹스(Swiftnomics)	#테일러 스위프트 #스위프트 리프트
83. 랜드마크	#지역 상징 #빌바오 효과
84. 유네스코(UNESCO)	#유엔 전문 기구 #인류 발전
85. 가야	#고대 국가 #연합 국가
86. 비틀스	#영국 밴드 #록 음악
87. 인상주의	#유럽 예술 경향 #인상파 #모네
88. 월드컵	#국제축구연맹(FIFA) #쥘 리메 컵
89. 저작권	#창작물 #독점 권리
90. 리그오브레전드(LoL·롤)	#라이엇 게임즈 #롤드컵
91. 에어 조던	#나이키 #마이클 조던 #농구화
92. 접영	#버터플라이 #배영 #평영
93. 아시안게임	#아시아 #4년에 한 번
94. 일장기 말소 사건	#손기정 #동아일보 #일제강점기
95. 발롱도르	#프랑스 풋볼 #축구상
96. 유럽 축구 5대 리그	#꿈의 무대 #챔피언스리그
97. 에미상	#미국 #TV상
98. 마라톤	#42.195km #그리스
99. 메이저리그(MLB)	#미국프로야구 #월드시리즈
100. 골드글러브	#롤링스 #최고 수비수

부록 | 이 책에 실린 347개 어휘

100개의 기사에서 별도의 뜻풀이를 덧붙인 어휘들을 한 번에 살펴보세요.

가늠하다: 어림잡아 헤아리다

가사: 겉으로 죽은 것처럼 보이지만 실제로는 살아 있는 상태. 일부 벌레들은 위험에 닥쳤을 때 죽은 듯이 움직이지 않고 가만히 있는데, 이런 상태를 가리키기도 한다

가칭: 임시로 정한 이름

각광: 많은 사람들의 관심이나 흥미, 인기

갈고리: 끝이 뾰족하고 꼬부라진 물건

감염: 병균이 사람이나 동식물의 몸안에 들어가 퍼짐

강국: 앞서 있는 나라

강타: 세게 침

개막식: 일정 기간 동안 진행되는 행사를 처음 시작할 때 행하는 의식

개막전: 맨 처음 시작하는 경기

개방적: 태도, 성격이 거리낌 없고 열려 있는(것)

개체: 하나의 독립된 생물

개최: 행사를 엶

개편: 고쳐서 다시 엮음

건강권: 건강을 유지하기 위해 최적의 환경을 누릴 수 있는 권리

검토: 어떤 사실이나 내용을 분석하여 따짐

격납고: 비행기를 넣어두거나 정비하는 건물

견제: 경쟁 대상이 지나친 힘을 가지지 못하도록 억누름

결선: 우승자를 가리기 위해 마지막으로 치르는 경기

결합: 둘 이상을 뭉치거나 합침

경계: 잘못된 일들을 하지 않도록 주의함

경신: 앞의 기록을 깨뜨림

경향: 현상, 사상, 행동이 어떤 방향으로 기울어짐

고고학: 유물과 유적을 통해 옛 사람들의 생활을 연구하는 학문

고도화: 기술, 생활 등의 수준이 높아짐

고분군: 여러 고분(오래된 무덤)이 모여 있는 지역

고심: 몹시 애를 태우며 마음을 씀

고유종: 어느 한 지역에만 있는 생물 종

골드바: 막대기 모양으로 만든 금

공급: 요구나 필요에 따라 물건을 제공함

공로: 목적을 이루는 데 들인 노력과 수고

공습: 비행기를 이용해 하늘에서 공격을 함

공용어: 한 나라 안에서 공식적으로 쓰는 언어

공허하다: 아무것도 없이 텅 비다

과언: 지나치게 말을 함

과육: 씨를 둘러싸고 있는 살

관측: 자연 현상을 관찰해 그 움직임을 측정함

관행: 오래 전부터 해오는 대로 함

광물: 땅 속에 있는 천연 물질로, 철이나 금, 은 등이 대표적이다

교감: 생각, 감정을 함께 나누어 가짐

교란: 어지럽고 혼란하게 함

교신: 통신 매체를 통해 정보, 의견을 주고받음

교차: 서로 엇갈리거나 마주침

교통 체증: 차가 너무 많거나 교통사고, 도로 공사 등으로 정상적인 통행이 어려운 상황

국가원수: 한 나라에서 으뜸가는 권력을 지닌 사람

국왕: 나라의 임금

국제기구: 국제적 목적이나 활동을 위해 두 나라 이상의 회원국으로 구성된 조직

군사용: 군대에 관한 일에 쓰임

권위: 뛰어나다고 인정을 받고 영향을 끼칠 수 있는 능력

권위주의: 어떤 일에 있어 권위를 내세우는 태도로, 일부 집단이 힘을 갖고 국민을 지배하는 나라를 권위주의적 국가라고도 함

궤도: 행성, 인공위성 등이 다른 천체의 주위를 돌면서 그리는 일정한 곡선의 길

규제: 규칙이나 규정에 의해 일정한 한도를 정함

금융: 돈을 융통함

급박하다: 조금도 여유가 없이 매우 급하다

기내: 비행기의 안

기대주: 앞으로의 발전이 기대되는 인물을 이르는 말

기원: 사물이 발생한 근원

기증: 남에게 물품을 거저 줌

기지: 군대, 탐험대 등의 활동의 기점이 되는 근거지

기체: 공기처럼 일정한 모양과 부피를 가지지 않는 물질

내륙: 바다에서 멀리 떨어져 있는 육지

내셔널리그: 아메리칸리그와 함께 MLB를 이루는 양대 리그 중 하나

내진: 지진을 견디는 것

노출: 어떤 환경, 상황에 처함

논문: 학술적인 연구 결과를 체계적으로 적은 글

농가: 농사를 본업으로 하는 가정

높이뛰기: 공중에 걸어놓은 막대를 뛰어넘어 그 막대의 높이로 승부를 겨루는 육상 경기

다회용: 여러 번 쓰고 버림

단식: 일대일로 하는 경기

달성: 뜻한 바를 이뤄 목적에 다다름

당선: 선거에서 뽑힘

대관람차: 바퀴 모양의 둘레에 작은 공간을 여러 개 만든 뒤 그곳에 사람이 탑승하도록 한 회전식 놀이 기구

대관식: 왕의 자리에 올랐음을 널리 알리는 의식

대기권: 지상으로부터 약 1000㎞까지의 공기층

대륙: 바다로 둘러싸인 커다란 육지

대선: 대통령을 뽑는 선거. 국회의원을 뽑는 선거는 '총선'이라고 함

댐: 강이나 바닷물을 막아 두기 위해 쌓은 둑(언덕)

도살: 짐승을 죽임

독단적: 혼자 판단하거나 결정하는(것)

동맹: 두 나라 이상이 서로의 이익을 위해 함께 행동하기로 한 약속

두각: 재능, 기술이 남보다 특히 뛰어남을 비유적으로 이르는 말

득점: 점수를 얻음

등재: 기록을 올림

디스플레이: 정보를 화면에 표시하는 기계 장치

라이벌: 같은 분야에서 일하면서 이기려고 겨루는 상대

러브콜: 무언가를 제안하는 행위를 비유적으로 이르는 말

리드보컬: 밴드에서 대부분의 노래를 부르는 사람

만능: 모든 일을 다 할 수 있음

만료: 기한이 다 차서 끝남

만찬: 손님을 초대해 함께 먹는 저녁 식사

면세점: 세금이 면제된 상품을 파는 가게. 주로 국제공항이나 항만 출국장에 있음

멸종: 생물의 한 종류가 아주 없어짐

명소: 이름이 널리 알려진 경치나 유적

몸체: 물체의 몸이 되는 부분

무인: 사람이 없음

무일푼: 돈이 한 푼도 없음

무장단체: 전투에 필요한 무기를 갖춘 단체

문해력: 글을 읽고 이해하는 능력

물가: 물건의 값

미관: 아름답고 훌륭한 풍경

미뢰: 혀에 있는, 맛을 느끼는 데 도움을 주는 기관

민간: 정부기관에 속하지 않음

민주주의: 국민이 권력을 갖고 그 권력을 스스로 행사하는 정치 제도

밀도: 빽빽한 정도

발발: 전쟁 같은 큰 사건이 갑자기 일어남

발사체: 우주선을 지구 밖으로 내보내는 데 쓰이는 로켓 장치

방사능: 방사선을 내는 성질. 방사선은 원자핵(물질의 기본 단위인 원소의 중심에 있는 것)이 붕괴하면서 나오는데, 인간이 방사능에 노출되면 치명적(생명을 위협하는 것)이다

방사하다: 가축 등을 놓아서 기르다

방위: 적의 공격을 막아서 지킴

배출: 밖으로 내보냄

배출량: 밖으로 내보내는 양

번성: 세력을 확장해 한창 성함

번식: 생물이 늘어나서 많이 퍼짐

번식력: 생물이 새로운 개체를 늘려 가는 힘

법안: 법률을 만들기 위해 국회에 제출하는 문서

벽화: 벽에 그린 그림

보고: 보물 창고. 귀중한 물건이 간직된 곳을 이르는 말

보신: 몸의 영양을 보충함

보행자: 걸어서 길거리를 오가는 사람

복원: 원래대로 회복함

본명: 원래의 이름

본업: 주가 되는 직업

본회의: 국회의 의사를 최종적으로 결정하는 회의

분화구: 가스, 불 등이 나오며 생긴 구멍

불티나다: 물건이 내놓기가 무섭게 빨리 팔리거나 없어지다

비대면: 서로 얼굴을 마주 보고 대하지 않음

비상: 뜻밖의 긴급한 사태

비참하다: 더할 수 없이 슬프고 끔찍하다

빈부격차: 가난한 사람과 부자인 사람이 지닌 재산의 차이

사교육비: 나라가 실시하는 공교육 외에 추가적으로 교육을 받기 위해 지출하는 모든 비용

사냥터: 사냥을 하는 곳

사망률: 특정 인구에 대한 사망자 수의 비율

사양: 받지 않거나 응하지 않음

사육: 가축, 짐승이 자라도록 먹여 기름

산업: 인간의 생활을 풍요롭게 하기 위해 물건이나 서비스를 생산하는 사업

산업혁명: 증기기관(증기의 압력으로 에너지를 얻는 기관)의 발명으로 18세기 후반부터 약 100년간 유럽에서 일어난 사회경제적 변화

산유국: 석유를 생산하는 나라

상속인: 재산을 물려받는 사람

상승: 낮은 데서 올라감

상용화: 일상적으로 널리 쓰임

생명력: 죽지 않고 살아나가는 힘

생산량: 물건이 생산되는 수량

생성: 사물이 생겨남

서민: 경제적으로 넉넉하지 않은 사람

서식지: 생물이 자리를 잡고 사는 곳

선거: 시민들이 투표로 지도자를 뽑는 일

섬세하다: 매우 찬찬하고 꼼꼼하다

섬유: 가는 털 모양의 물질

섬유질: 미세한 실 모양으로 이뤄진 물질

세금: 국민으로부터 강제로 거둬들여 나라를 운영하는 데 쓰이는 돈

소비: 필요한 물건을 사는 일

소비량: 소비하는 분량

소신: 굳게 생각하는 바

소유권: 물건을 자기 것으로 가지는 권리

소음: 불쾌하고 시끄러운 소리

소행성: 화성과 목성 사이의 궤도를 도는 작은 행성

솔로: 혼자 노래하거나 연주함

수련: 물속에서 자라는 식물로 넓고 둥근 잎을 가진 것이 특징이다

수상: 상(상·賞)을 받음(수·受)

수상: 물(수·水)의 위(상·上)

수액: 식물의 줄기를 지나 잎으로 올라가는 액체

수여: 상을 줌

수요: 물건, 서비스를 일정한 가격으로 사려고 하는 욕구

수위: 강이나 바다, 호수의 물의 높이

수의사: 사람이 아닌 동물을 진찰하고 치료하는 의사

수출: 상품이나 기술을 외국으로 팔아 내보냄

숙박: 잠을 자고 머무름

슬로건: 어떤 단체나 행사가 전하려는 메시지를 나타낸 짧은 말

습성: 습관이 된 성질

습지: 습기가 많은 축축한 땅

시대착오적: 낡은 생각으로 새로운 시대에 적응하지 못하는 성질을 띤(것)

시상: 상장, 상금, 상품을 줌

시속: 1시간을 단위로 해 잰 속도. 시속 10㎞는 1시간에 10㎞를 이동할 수 있는 속도

시의원: 시 의회의 의원

식습관: 음식을 먹는 과정에서 익힌 행동 방식

식용: 먹을 것으로 씀. 또는 그런 물건

식이섬유: 채소, 과일, 해조류에 많이 들어 있는 단백질 실

식탐: 음식을 탐냄

신기록: 원래 기록보다 더 뛰어난 새로운 기록

실온: 평상시의 온도

심해: 깊은 바다로, 보통 수심이 200m 이상 되는 곳을 가리킴

아사: 굶어 죽음

액체: 부피는 있으나 일정한 모양을 가지지 않는 물질. 어떤 그릇에 담는지에 따라 모양이 달라짐

야생동물: 산과 들에서 사는 동물

양력: 뜨는 힘

어업: 물고기를 잡거나 기르는 산업

여객기: 승객을 태워 나르는 비행기

여진: 큰 지진이 일어난 다음에 이어지는 작은 규모의 지진

연고: 맺어지는 관계

연작: 같은 주제, 인물로 작품을 잇달아 짓는 일

열광: 기쁘거나 흥분해 날뜀

열대우림: 1년 내내 기온이 높고 비가 많이 내리는 적도 부근의 나무가 많은 숲

열악하다: 품질이나 시설 등이 매우 떨어지고 나쁘다

열풍: 세차게 일어나는 기운을 이르는 말

영감: 창조적인 일의 시작이 되는 자극

영아: 어린아이

영입: 받아들임

온실가스: 공기를 뜨겁게 만드는 가스를 이르는 말

원주민: 어떤 지역에 원래 살던 사람

위성: 행성 주위를 도는 천체

위엄: 점잖고 엄숙한 태도

유대인: 이스라엘 민족의 유일신(하나밖에 없는 신) '여호와'를 섬기는 종교인 유대교를 믿는 민족

유럽연합(EU): 유럽 나라들이 사회·경제·외교적으로 협력하기 위해 세운 기구

유리천장: 여성의 고위직 진출을 가로막는, 보이지 않는 장벽을 이르는 말

유인: 사람이 있음

유적: 역사적 사건이 벌어졌던 곳 또는 각종 건축물

유전자: 생물 개개인의 특징을 나타내는 원인이 되는 것

유통: 화폐 등이 세상에 널리 통하여 쓰임

유효: 효과가 있음

육상 루트: 육지 위를 지나는 길

육식동물: 다른 동물의 고기를 먹고 사는 동물

의존도: 다른 것에 의지해 생활하는 정도

의혹: 의심하여 수상하게 여김

이례적: 일반적인 사례에서 벗어나 특이한(것)

이목: 주의나 관심

이민자: 자기 나라를 떠나 다른 나라에 옮겨가서 사는 사람

이사회: 회사의 업무를 수행하기 위한 사항을 결정하는 기관

이산화탄소: 대기 중에 존재하는 색깔이 없는 기체. 지구온난화를 일으키는 대표적인 물질이다

이적: 다른 팀으로 소속을 옮김

이적료: 선수를 데려가는 구단이 선수가 원래 속했던 구단에 지불하는 돈

익충: 사람에게 이익을 주는 곤충

인구: 특정한 나라, 지역에 사는 사람의 수

인명 피해: 자연재해나 사고로 사람이 생명을 잃는 피해

인수: 물건, 권리를 넘겨받음

인플루언서: 소셜 미디어에서 많은 구독자를 보유해 영향력을 가진 사람

인화: 사진을 종이에 나타나게 함

일대기: 한 사람의 일생에 관한 내용을 적은 기록

일장기: 일본의 국기

일제강점기: 우리나라가 1910년 일본에 나라를 빼앗긴 이후 1945년 해방되기까지의 시대

일회용: 한 번만 쓰고 버림

입문: 처음 들어감

입시: 입학생을 뽑기 위해 지원자들이 치르게 하는 시험

입양: 가족이 아닌 사람을 들임

자부심: 자신에 대해 당당히 여기는 마음

자제하다: 자신의 감정이나 욕망을 스스로 억제하다

자취: 어떤 것이 남긴 표시

자치지구: 독립적으로 다스리는 지역

자회사: 큰 회사의 지배 아래에 있는 회사

잠재력: 속에 숨어 있는 힘

저격수: 특정 대상을 겨냥해 총을 쏠 줄 아는 사람

저출산: 아기를 적게 낳는 현상

저항: 물체의 운동 방향과 반대 방향으로 작용하는 힘

전성기: 한창 왕성한 시기

전속: 단 하나의 기구, 조직과 관계를 맺음

전지훈련: 운동선수가 환경 조건이 다른 곳으로 옮겨가서 하는 훈련

전환: 다른 방향으로 바뀜

정상: 한 나라에서 으뜸가는 권력을 지닌 사람

정세: 일이 되어가는 사정, 형편

조례: 지방자치단체(우리나라의 경우 특별시, 광역시, 도, 시, 군과 같은 곳)가 만드는 법

주범: 나쁜 결과를 만드는 주된 원인

주주: 회사의 주식(회사의 자본을 구성하는 기본 단위)을 갖고 경영에 참여하는 사람

주최: 행사, 모임을 기획하여 엶

중독: 어떤 것이 없이는 견디지 못하는 상태

중동: 서남아시아와 북부아프리카 일대를 아울러 이르는 말. 사우디아라비아, 이란 같은 나라가 포함된다

중력: 지구의 중심 방향으로 물체를 끌어당기는 힘

중심부: 사물의 한가운데

중앙은행: 화폐(돈)를 발행하는 일을 하며 한 나라의 금융의 중심이 되는 은행

지극하다: 더할 수 없이 정성을 다하다

지름: 원의 중심을 지나는 직선으로, 둘레 위의 두 점을 이은 선

지중해: 유럽, 아시아, 아프리카 세 대륙에 둘러싸인 바다

지표면: 지구의 겉면

질량: 물체를 이루고 있는 물질의 양

집계: 한데 모아서 계산함

징역: 죄인을 교도소에 가두는 벌

차고: 자동차를 넣어두는 곳

차선: 자동차 도로에 주행 방향을 따라 일정한 간격으로 그어 놓은 선

차세대: 다음 세대

착륙: 비행기가 공중에서 활주로에 내림

착륙선: 행성 등의 표면에 내리는 우주선

창궐: 세차게 일어나 걷잡을 수 없이 퍼짐

창업: 처음으로 이루어 시작함

창업자: 회사를 처음으로 세워 사업을 시작한 사람

채굴: 땅속에 묻혀 있는 광물을 캐냄

채용: 사람을 골라서 씀

채취: 필요한 것을 거두어서 취함

챔피언스리그: 매년 유럽 각국의 프로 리그에서 가장 좋은 성적을 거둔 32개의 팀이 모여 유럽 최강의 축구팀을 결정하는 대회

처방: 병을 치료하기 위해 증상에 따라 약을 짓는 것

천상: 하늘 위

천체: 우주에 존재하는 모든 물체

철골: 철 소재로 된 건축물의 뼈대

철기: 쇠로 만든 기구

철수: 거두어들임

첩보: 상대편의 정보, 형편을 몰래 알아냄

초상화: 사람의 얼굴을 그린 그림

초속: 1초를 단위로 하여 잰 속도

초식: 풀만 먹고 삶

233

초안: 처음 작성한 글

초창기: 처음으로 시작하는 시기

총통: 우리나라의 대통령에 해당하는 국가원수

최고치: 가장 높은 값

추력: 물체를 밀어붙이는 힘

추세: 현상이 일정한 방향으로 나아가는 경향

출마: 선거에 후보로 등록함

출산율: 아기를 낳는 비율

출시: 상품이 시중에 나옴

출전: 시합, 경기에 나가 참가함

침공: 다른 나라를 불법으로 쳐들어가 공격함

침해: 침범하여 해를 끼침

타격: 공을 방망이로 침

타자: 야구에서 공을 치는 선수

탄소섬유: 열을 잘 견디고 탄성이 뛰어난 섬유

탑재: 물건을 실음

태양계: 태양을 중심으로 그 주위를 돌고 있는 행성과 소행성의 모임

태평양: 유럽, 아시아, 아메리카, 오스트레일리아 대륙에 둘러싸인 바다

텀블러: 주로 손잡이가 없고 길쭉한 형태를 가지고 있는 컵

토종: 원래 그 지역에서 나거나 자라는 동물 또는 식물

통계청: 인구를 조사하는 등 통계와 관련된 각종 업무를 수행하는 행정기관

통치: 나라, 지역을 맡아 다스림

통행료: 도로를 지나다니는 차가 지불하는 요금

퇴출: 물러나서 나감

퇴치: 물리쳐서 없애 버림

투구: 전투할 때 쓰던, 쇠로 만든 모자

투수: 야구에서 공을 던지는 선수

투입: 필요한 곳에 넣음

특목고: 특정한 과목에 우수한 학생을 뽑아 기르는 것을 목적으로 하는 고등학교

특성: 특수한 성질

파급력: 어떤 일의 영향이 다른 데로 미치는 힘

평균 수명: 평균적으로 누린 수명(살아 있는 햇수)

포유류: 어미가 알 대신 새끼를 낳는 동물로, 새끼에게 젖을 먹여 기른다는 특징을 가졌다

포지션: 축구, 야구 등에서 선수들 각자의 위치

포착: 꼭 붙잡음

표절: 남의 작품의 일부를 몰래 따다 씀

품위: 사회 구성원들이 갖춰야 한다고 여겨지는 교양, 기품

프로게이머: PC게임, 비디오게임 등의 경기를 하는 것을 직업으로 삼는 사람

피란: 난리를 피함

학대: 괴롭히거나 가혹하게 대우함

한국계: 한국인의 피를 이어받은 계통

함량: 물질에 다른 성분이 포함된 분량 또는 정도

항생물질: 세균이나 미생물의 성장을 막는 물질

해소: 어려운 일, 문제를 해결하여 없애 버림

해이하다: 긴장이나 규율 등이 풀려 마음이 느슨하다

해충: 인간에게 해를 끼치는 곤충

허가: 일을 하도록 허락함

협약: 나라끼리 협의해서 약속을 맺음

형성: 어떤 모양을 이룸

혜성: 갑자기 뛰어나게 드러나는 존재를 이르는 말

혼잡: 매우 어수선하고 떠들썩함

화석: 동물의 죽은 몸 또는 그 흔적이 암석 속에 그대로 남아 있는 것

화풍: 그림을 그리는 방식

화합: 마음, 뜻을 모아 화목하게 어울림

확산: 흩어져 널리 퍼짐

확성기: 소리를 크게 하여 멀리까지 들리게 하는 기구

후원: 뒤에서 도와줌

훼손: 못 쓰게 만듦

희귀종: 드물어서 매우 귀한 품종

e스포츠: 프로게이머들이 게임으로 겨루는 스포츠 종목

Z세대: 1996~2010년 태어난 세대